黄埔军校《孙子兵法》谍

李浴日 著

广东人民出版社

·广州·

出版说明

  黄埔军校，这个曾经在中国历史上留下浓墨重彩的军事学校，培养了许多杰出的军事将领。黄埔军校产生于第一次国共合作时期，由孙中山先生在中国共产党帮助下创办而成。作为中国现代军事教育的开端，在中国历史上有着重要的地位。

  《孙子兵法》是中国古代军事思想文化的集中体现，被奉为"武经冠冕"，其丰富的辩证思想，不仅被广泛传播，而且在军事领域以外得到关注和应用，成为影响世界的重要的中国智慧，具有常读常新的不朽价值，其"止戈为武"的和平宗旨正是人类社会的共同追求。

  本书作者李浴日别名春清，在上海求学期间，改名为"浴日"，喻指"御日"（抵御日寇之志）。他曾任黄埔军校教官，是我国近代著名军事学家，与浙江蒋百里、云南杨杰同为军事学三巨擘。

  李浴日博学多才，毕生尽瘁兵学。青年时代誓以发扬《孙子兵法》与中国兵学为志业，立足于中国古代兵家的代表性著作,以《孙子兵法》文本为理论基础,兼容并蓄各家论述,意在重新阐述孙武完整的军事思想体系。

本书以李浴日1947年增订再版《孙子新研究》为底本,该书初稿于1936年草成,次年付上海商务印书馆首印,畅销一时。1939年,黄埔军校教育处印发此书。李浴日对《孙子兵法》原理原则的批判分析,与其哲学思想渊源的探究等,颇有创见。中国孙子兵法研究会副会长吴如嵩将军曾称赞"李浴日是一个很有成就的兵学家"。

李浴日先生在本书中对《孙子兵法》进行了系统的研究,考证孙子生平和世系、译解《孙子兵法》原文,搜集古今案例并给予分析,援引了同时代许多海外学者、军事专家的学术著述。出于对李浴日先生原著的尊重,编者并未改动。书中后有历史定论的人物,敬请读者慧眼甄别。

由于时代语言习惯不同而形成的文字差异,编辑时对著作按现今的使用方法作了统一处理,酌情删减了部分较为陈旧或参考性不强的文字。

目录

[总论]

[《孙子兵法》详解]

始计第一	24
作战第二	47
谋攻第三	68
军形第四	86
兵势第五	100
虚实第六	114
军争第七	134
九变第八	153
行军第九	162
地形第十	176
九地第十一	190
火攻第十二	223
用间第十三	237

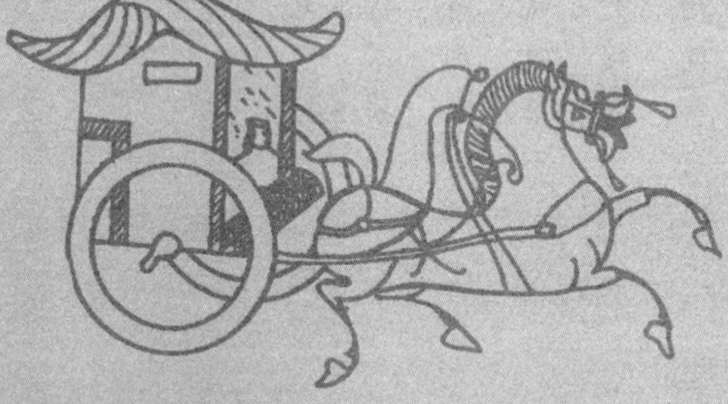

总 论

运用兵学是为了和平,而不是为了战争。战争是社会的病态,和平才是社会的常态。战争仅是政治的一种手段,和平才是政治的真正目的。吊民伐罪、救国救世就是为了和平。

总　论

一、《孙子兵法》是中国现存的最古兵书，列于"七书"中

《孙子兵法》是中国现存的唯一最古兵书，为春秋时代吴王阖闾之臣孙武所著。在中国向称黄帝轩辕为兵法的始祖，于《事物纪原》一书中，也有这样的记载。相传黄帝得其相风后氏授予《握奇经》，用以征伐而统一天下，孙子在《孙子兵法》的《行军》篇说"凡此四军之利，黄帝之所以胜四帝也"，似乎可窥黄帝兵法的部分内容。但黄帝的兵法是怎样的呢？因为失传，不得而知。

在《汉书·艺文志》道家之部，记载有太公二百三十七篇（注为吕望撰），其中含有兵法八十五篇，即周初的功臣太公望——吕尚也有著述的兵书，惜亦失传；至于现存的《太公六韬》，迭经学者证为后人所假托，已无可疑。其他，于《孙子兵法》中所引证：或"兵法曰"，或"《军政》曰"，由此亦可想见当时流传有不少古

兵书，但那是怎样一类的东西呢？亦因失传，不得而知。

原来文武是经国的两翼，中国以四书五经为文经，故把有力的兵书，称为兵经或武经，以匹配之。其中，最被重视的兵书是《孙子兵法》。

汉唐以来，把兵书当作武学生的教科书。我们看《后汉书》所记"立秋之日……兵官皆习孙吴兵法，六十四阵"以及《宋史》所载"习七书兵法，骑射"等语，便可了然。且兵经之称，早见于《战国策》，《隋书·经籍志》也有《孙子兵经》二卷的记载。至称武经，则以唐代注释《孙子兵法》的杜牧为最早，其诗说："周孔传文教，萧曹授武经。"又从《宋史》所记"圣朝稽古，崇兹武经"以及早年宋曾公亮等撰《武经总要》诸书来看，可知唐宋以后兵书被称为武经。

再据晁公武的《郡斋读书志》所载，宋元丰中宣布《六韬》《孙子》《吴子》《司马法》《黄石公三略》《尉缭子》《李卫公问对》为武学所用兵书，号称"七书"，此乃"七书"名称的起源。后来，国子司业朱服曾改其次序为《孙子》《吴子》《六韬》《司马法》《尉缭子》《李卫公问对》《黄石公三略》。又宋王应麟的《小学绀珠》曾把《三略》《六韬》置于《尉缭子》之后，《李卫公问对》之前，故"七书"次序的编排，因人而异，并无一定的标准。在"七书"中，《六韬》是假托的，已述于前。且《黄石公三略》《司马法》《尉缭子》亦为杜撰，《吴子》《李卫公问对》也没有《孙子》那样的真确性。实实在在只有《孙子兵法》才是东方唯一最古老而最可信的兵书。

二、孙子及其著书的真确性与世系

孙子的传记，见于《史记》卷六十五，名武，齐人；《吴越春秋》书为吴人，其世系等则没有说明。宋之硕儒邓名世的《古今姓氏书辨证》载："齐田完，字敬仲，四世孙无宇，无宇子书，书字子占，齐大夫，伐莒有功，景公赐姓孙氏，食采于乐安，生冯，字起宗，齐卿，冯生武，字长卿，以田鲍四族谋作乱，奔吴为将军。"

校订《孙子十家注》之清乾隆进士孙星衍亦言此："孙子盖陈书之后，陈书见《春秋传》，称孙书，《姓氏书》以为景公赐姓，言非无本。又泰山新出孙夫人碑亦云与齐同姓，史迁未及深考，吾家出乐安，真孙子之后。"即孙子是从唐代之乐安郡，即清代之山东省武定府，今之惠民县附近，奔吴为将，是可信的。

《史记·孙子吴起列传》载："阖闾知孙子能用兵，卒以为将，西破强楚，入郢；北威齐晋，显名诸侯，孙子与有力焉。"而《左传》，于吴破楚时仅言伍员（字子胥）之事，不记孙武之名，使叶适与陈振孙产生怀疑。前者说《孙子兵法》之书为春秋末战国初的山林处士所作；后者则说，尚未知其果为何代人。

甚至亦有说《孙子兵法》或是古书，根本不信是孙武所著。更有学者梁启超于所著的《中国历史研究法》中说："现存十三篇之《孙子》，旧题春秋时吴之孙武撰。吾侪据其书之文体及其内容，确不能信其为春秋时书。虽然，若谓出自秦汉以后，则文体及其内容亦都不类。《汉书·艺文志》兵家本有《吴孙子》《齐孙子》两种，'吴孙子'则春秋时之孙武，'齐孙子'则战国时之孙膑也。此书若指为孙武作，则可决其伪；若指为孙膑作，则可谓之真。此外，如《管子》《商君书》等，性质亦略同，若指为管仲、商鞅所作则必伪，然其书中大部分要皆出战国人手。"

这是现代学者的一种流行倾向，然亦不过仅凭文体思想，断定《孙子兵法》不是春秋时代的产物而已。但依我的考察，《汉书·艺文志》所载孙子著述兵书八十二篇，除现存的《孙子兵法》以外，一定尚有许多冠以"孙子"之名的篇目——其著者是何时何人呢？特别可以想起的是战国时代齐国的孙膑，他的著作，被一括地称为《孙子》而传下。孙武的子孙——孙膑祖述祖先的兵法，那是应当，把这一括地称为《孙子》而传下，并没有什么奇怪的。

《史记》载："孙膑以此名显天下，世传其兵法。"此兵法即孙膑的兵法，换言之，《齐孙子》的存在毋庸置疑。因此，我以为《汉书·艺文志》所谓《吴孙子》《齐孙子》俱是真确的，而梁启超指为孙膑所作则不对。倘若说《孙子兵法》十三篇的语句，间有为后人加者，非全属原著，那还可以说得过去。但以一小部分的怀疑，而把全部断为战国时代产物，实无理由。总之，在前汉著作《史记》的司马迁凭当时所传的有力材料而言明《孙子兵法》为孙武所撰，此外确再没有足以推翻它的有力证据了，所以轻易地断其为伪撰，那是不对的。

第一，凭《越绝书》载："巫门外大冢，吴王客齐孙武冢也，去县十里。"

第二，凭《左传》的不记名，便有人说孙子为吴国客卿，帮助推荐自己的伍子胥，而每战运筹于帷幄中。

第三，又凭《史记》载"……孙子与有力焉"等记述，便可相信《史记》所载：孙子为求吴王阖闾之用而著是书。

总之，孙子的世系出于齐之陈氏，因齐乱而奔吴，献此书于吴王，得其信用，被任为客卿而建伟功无疑。东方兵学之祖孙子，其帷幕献策的事迹，实与《战争论》的著者，西方兵学的创始人克劳塞维茨（德国人，曾做沙恩霍斯特将军的幕僚，及普鲁士第三军团参谋长等职）以幕僚长身份立功的事迹，形成趣味的对照。

三、孙子的传记

孙子的传记，均见于《吴越春秋》与《史记》。《吴越春秋》所记载孙子见用于吴王阖闾的话，虽与《史记》的大同小异，却近于小说家之言。《史记》把孙武、孙膑与吴起三人合为一传，名曰《孙子吴起列传》，其关于孙武的记述如下：

孙子武者，齐人也。以兵法见于吴王阖闾。阖闾曰："子之十三篇，吾尽观之矣，可以小试勒兵乎？"对曰："可。"阖闾曰："可试以妇人乎？"曰："可。"于是许之，出宫中美女，得百八十人。孙子分为二队，以王之宠姬二人各为队长，皆令持戟，令之曰："汝知而心与左右手背乎？"妇人曰："知之。"孙子曰："前，则视心；左，视左手；右，视右手；后，即视背。"妇人曰："诺。"约束既布，乃设铁钺，即三令五申之。于是鼓之右，妇人大笑,孙子曰:"约束不明,申令不熟,将之罪也。"复三令五申而鼓之左,妇人复大笑。孙子曰:"约束不明,申令不熟,将之罪也。既已明而不如法者,吏士之罪也。"乃欲斩左右队长。吴王从台上观,见且斩爱姬,大骇,趣使使下令曰:"寡人已知将军能用兵矣,寡人非此二姬,食不甘味,愿勿斩也。"孙子曰:"臣既已受命为将,将在军,君命有所不受。"遂斩队长二人以徇,用其次为队长。于是复鼓之,妇人左右前后跪起,皆中规矩绳墨,无敢出声。于是孙子使使报王曰:"兵既整齐,王可试下观之,唯王所欲用之,虽赴水火犹可也。"吴王曰:"将军罢休就舍,寡人不愿下观。"孙子曰:"王徒好其言,不能用其实。"于是阖闾知孙子能用兵,卒以为将,西破强楚,入郢,北威齐晋,显名诸侯,孙子与有力焉。

且孙膑亦成为本书的著者之问题中人,因其兵法祖述孙武,特录其传记于下,以供参考。

孙武既死,后百余岁,有孙膑,膑生阿鄄之间,膑亦孙武之后世子孙也。孙膑尝与庞涓俱学兵法,庞涓既事魏,得为惠王将军,而自以为能不及孙膑,乃阴使召孙膑至。膑至,庞涓恐其贤于己,疾之,则以法刑断其两足而黥之,欲隐勿见。

齐使者如梁,孙膑以刑徒阴见,说齐使。齐使以为奇,窃载与之齐。齐将田忌善而客待之。忌数与齐诸公子驰逐重射。孙子见其马足不甚相远，马有上、中、下辈，于是孙子谓田忌曰："君弟重射，臣能令君胜。"田忌信然之，与王及诸公子逐射千金。及临质，孙子曰："今以君之下驷与彼上驷，取君上驷与彼中驷，取君中驷与彼下驷。"既驰三辈毕，而田忌一不胜而再胜，卒得王千金。于是忌进孙子于威王，威王问兵法，遂以为师。

其后魏伐赵，赵急，请救于齐，齐威王欲将孙膑，膑辞谢曰："刑余之人不可。"于是乃以田忌为将，而孙子为师，居辎车中，坐为计谋。田忌欲引兵之赵，孙子曰："夫解杂乱纷纠者不控卷，救斗者不搏撠。批亢捣虚，形格势禁，则自为解耳。今梁赵相攻，轻兵锐卒必竭于外，老弱罢于内，君不若引兵疾走大梁，据其街路，冲其方虚，彼必释赵而自救，是我一举解赵之围而收弊于魏也。"田忌从之。魏果去邯郸，与齐战于桂陵，大破梁军。

后十三岁，魏与赵攻韩，韩告急于齐。齐使田忌将而往，直走大梁，魏将庞涓闻之，去韩而归，齐军既已过而西矣。孙子谓田忌曰："彼三晋之兵素悍勇而轻齐，齐号为怯，善战者因其势而利导之。兵法，百里而趣利者蹶上将，五十里而趣利者军半至。使齐将军入魏地为十万灶。明日为五万灶。又明日为三万灶。"庞涓行三日，大喜，曰："我固知齐军怯，入吾地三日，士卒亡者过半矣。"乃弃其步军，与其轻锐倍日并行逐之。孙子度其行，暮当至马陵。马陵道狭，而旁多阻隘，可伏兵，乃斫大树白而书之曰"庞涓死于此树之下"。于是令齐军能射者万弩夹道而伏，期曰"暮见火举而俱发"。庞涓果夜至斫木下，见白书，乃钻火烛之。读其书未毕，齐军万弩俱发，魏军大乱相失。庞涓自知智穷兵败，乃自刭，曰："遂成竖子之名！"齐因乘胜，尽破其军，虏魏太子申以归，孙膑以此名显天下，世传其兵法。

这是《史记》中关于孙膑的记述，其中，既载孙膑引本书的《军争》篇之句"百里而趣利者……"，更在最末说"世传其兵法"。依此观察，我们可以判断本书与孙膑的著述是有区别的了。

四、《孙子兵法》是完书，且为自撰

现存的《孙子兵法》为十三篇，《史记·孙子吴起列传》所录吴王阖闾之言，亦称为十三篇。但汉班固的《汉书·艺文志》则载"吴孙子兵法八十二篇，图九卷"。唐张守节《史记正义》，引梁阮孝绪的《七录》之说"《孙子兵法》三卷，案十三篇为上卷，又有中下卷"而解答《汉书·艺文志》与《史记》所记篇数不同的问题。

又，唐杜牧说："武所著书，凡数十万言，曹魏武帝削其繁剩，笔其精切，凡十三篇，成为一编。"主张删约说。实际，除十三篇外，称为"孙子"的各种遗文是有流传着的，如郑玄的《周礼注》有："孙子八陈，有苹车之陈。"《隋书·经籍志》载有《孙子八阵图》一卷，《吴孙子牝牡八变阵图》二卷，《孙子兵法杂占》四卷，

《孙子战斗六甲兵法》一卷。《唐书·经籍志》载有《吴孙子三十二垒经》一卷（还有《孙子算经》三卷，谓孙武撰，实后人假托，旧有李淳风、甄鸾注，今佚）。又，《吴越春秋》《通典》《何氏注孙子》《太平御览》《潜夫论》《文选注》《周礼注》《隋书·经籍志》等书，均录有吴王与孙子的问答，或单独孙子的话。

其在日本，于《续日本纪》淳仁天皇天平宝字四年[①]十一月之条，曾有关于命令大宰大贰（官名）吉备真备学习《孙子兵法》之《九地》及"结营向背"的记载，按《九地》见于十三篇，但可当为"结营向背"之篇则无，故可相信当时传往日本的《孙子兵法》比现存的更多，即《史记》所说的十三篇为孙子手著，以之求用于吴王，已可明白。其余诸篇，或为彼自撰，或为侍从者所笔记，或为后人所假托，则不得而知。

但依前述，我想：战国时代孙膑等人的著述是统括地被称为《孙子》的。总之，不论如何，除西汉司马迁所记"阖闾曰：'子之十三篇，吾尽观之矣'"外，纵有其他遗文，现存的《孙子兵法》，我却始终认为是一卷独立的完书，从《始计》至《用间》——篇次有序，立论有体，孙子的真意尽在是书了。

五、孙子著述的动机

孙子究竟师何人而学兵法呢？却不清楚。但从彼的祖父孙书为齐将，伐莒有功这点看，则可知其生长于通晓兵事的家系。《孙

[①] 即公元七六〇年，唐肃宗上元元年。

子兵法》十三篇，据《史记》所载，是以此而求用于吴王阖闾。而推荐彼于吴王的人，据《吴越春秋》所载，则为当时仕于吴的楚之亡将——伍子胥。

《吴越春秋》为东汉赵晔所著，虽近乎小说家之言，但全然虚构，想未必是。该书述吴王"登台向南风而啸，有顷而叹，群臣莫有晓王意者。子胥深知王之不定，乃荐孙子于王。孙子者，名武，吴人也。善为兵法，辟隐深居，世人莫知其能。胥乃明知鉴别，知孙子可以折冲销敌，乃一旦与吴王论兵，七荐孙子"。

总之，孙子为求用于吴王，特著是书，据《史记》所载"阖闾曰：'子之十三篇，吾尽观之矣'"已可了然。即魏武之序亦断定："为吴王阖闾作兵法一十三篇，试之妇人。"且在孙子原文中亦有许多可信的考据，如《虚实》篇说："越人之兵虽多，亦奚益于胜败哉？"《九地》篇说"夫吴人与越人相恶也，当其同舟而济，遇风，其相救也如左右手"等，这样引用吴之敌国——越为例，我们也可以解释：为激动吴王而求用己。

由上而观，孙子著作本书的动机是很明确的。

六、《孙子兵法》的注释书

《孙子兵法》的注释书，以魏武帝即曹操之注为最古，《汉官解诂》说"黄魏琐连，孙武兵法"，就是指此。自此以后，唐宋诸代迭有注释书出现，宋吉天保集曹操及其他九家之注，编《十家孙子会注》十五卷，所谓十家——一、魏武，二、梁孟氏，三、唐李筌，四、杜牧，五、陈皞，六、贾林，七、宋梅尧臣，八、王晳，九、何廷锡，十、张预。经清代孙星衍校订的十家注为佳本，世人多爱读之。又有三家注，如唐纪燮集孟氏、贾林、杜佑之注。五家之注，如贾隐林集魏武、杜牧、陈皞、贾隐林、孟氏之注。杜佑为杜牧的祖父，他并没有注释《孙子兵法》，不过他著有《通典》，引用了孙子的话，加以训释。

此外尚有宋郑友贤的《孙子遗说》一卷、明刘寅《孙子直解》三卷、茅元仪的《武备志》中有《孙子兵诀评》一卷及赵本学《赵注孙子兵法》五卷、清郭伟的《孙子金丹》六册、孙星衍的《孙子十家注》三卷、魏源的《孙子集注》等百余种。降及现代，虽有人作新的注解，但为数亦不多，佳者尤少，于此不能不令人感到近代中国兵学的落后。请看《孙子兵法》在日本：

据日本人的考证，《孙子兵法》为吉备真备从唐携归，传到日本。自此而后，注释之者风起云涌，有：林罗山的《孙子谚解》、山鹿素行的《孙子谚义》、荻生徂徕的《孙子国字解》、伊藤子德的《孙子详解》、新井白石的《孙武兵法择》、佐佐木琴台的《孙子合契》、犬饲博的《孙子活说》、筱崎司直的《孙子发微》、河田东冈的《孙子句解》、佐藤一斋的《孙吴副诠》、藤井节斋的《孙子口义详解》、平山行藏的《孙子折衷》、三上致之的《孙子集说》、吉田松阴的《孙子评注》、尾池宜卿的《孙子》等。

其见于"七书"的有：冈重秀的《七书正义》、中村经年的《七书童观抄》、神田白龙的《七书俚谚抄》（内有《孙子兵法》）等。其中则以徂徕、松阴之注最为流行于世。

降及近时，阿多俊介的《孙子之新研究》于一九三一年面世，顿开注释上一新面目。于此书的前后，在军人著者方面，有：海军中将佐藤铁太郎的《孙子御进讲录》(着重于海军用兵法方面的研究，为教授日本天皇而作，非卖品)、辎重兵大尉冈本茂的《古代东洋兵学·孙子解说》、陆军士官学校教官尾川敬二的《孙子论讲》等。

在哲学家、政治家著者方面，有：北村佳逸的《孙子解说》、福本椿水的《孙子训注》、坂井末雄的《孙子评释》等。有作一般的研究，有着重于哲学的研究，有着重于政治外交的研究，有着重于海军理论的研究，有着重于战史与名将言论的研究，有着重于近代战争理论的研究，有着重于战斗纲要的研究，其研究的成果，每多至数十万言，务将为这部古代的兵书，注入新的内容，使其适用于今日的时代。

《孙子兵法》已成为世界的学问了，世界各国均有其译本、注释书，除上述诸书外，目下我还看到翟林奈、卡尔斯罗普军官两人的英文译本。近来我国亦有一种英译本，译者郑麐。

七、《孙子兵法》的基本原理

我们研究某种学说，或某种著作，最重要的是寻出它的基本原理，或根本思想。《孙子兵法》的基本原理是怎样的呢？《孙子兵法》十三篇仅有六千余字，而近时日本人作现代化的研究，竟达数十种，数百万言。

一九三五年春初，我在日本热海养病时，于无意中，读到北村佳逸的《孙子解说》，大为惊异，春初返东京，即陆续购全是类注释书，以供参考，着手编著《孙子兵法新研究》，一直到了是年十月间，第一次草稿方告成。告成后，复以疾病缠绵，整理无力。但以不时地回想，于无意中发现了它的十大基本原理，即解剖《孙子兵法》的结果，主要可分为这十大原理，其中不管篇名怎样不同，言词怎样差异，而归纳起来，不外是这十大原理的发挥。《孙子兵法》的构成在此，《孙子兵法》的伟大亦在此。

十大原理——（一）先知原理，（二）计划原理，（三）自然原理，（四）求己原理，（五）全存原理，（六）主动原理，（七）利动原理，（八）迅速原理，（九）秘密原理，（十）变化原理。现略述如下：

（一）**先知原理**：这是说，在未战之先，必须知道己彼天地的各种情况，以决定计划行动，方可取胜。其论据：《谋攻》篇说"知彼知己者，百战不殆；不知彼而知己，一胜一负；不知彼不知己，每战必败"。《地形》篇说"知彼知己，胜乃不殆；知天知地，胜乃不穷"。

但是怎样才会达到"知"的目的呢？这，固须如《始计》篇说的"经之以五事……一曰道，二曰天，三曰地，四曰将，五曰法"与"校之以计，而索其情，曰：'主孰有道？将孰有能？天地孰得？法令孰行？兵众孰强？士卒孰练？赏罚孰明？'"

而其主要的知彼方法，则为使用间谍，如《用间》篇说："故明君贤将，所以动而胜人，成功出于众者，先知也。先知者，不可取于鬼神，不可象于事，不可验于度，必取于人，知敌之情者也。故用间有五：有乡间，有内间，有反间，有死间，有生间。……昔殷之兴也，伊挚在夏；周之兴也，吕牙在殷。故惟明君贤将，能以上智为间者，必成大功。此兵之要，三军之所恃而动也。"

（二）**计划原理**：这是说，在未战之先，必须定下周密的作战计划。然计划生于先知，前已言之，因为作战计划的良否，即周密或疏漏，对于全战役，有至大关系，且常决乎胜败之事。如《始计》篇说："夫未战而庙算胜者，得算多也；未战而庙算不胜者，得算少也。多算胜，少算不胜，而况于无算乎！吾以此观之，胜负见矣。"《军形》篇说："兵法：一曰度，二曰量，三曰数，四曰称，五曰胜。地生度，度生量，量生数，数生称，称生胜。"《九地》篇说："运兵计谋，为不可测。"又说："践墨随敌，以决战事。"这不都是一些明确的论据吗？

（三）**自然原理**：孙子这个原理，渊源于老子。彼主张战争及战斗须因自然的情势而实施（合乎天地自然的法则），才有胜利的可能，且易于胜利，而反对人为的、勉强的战争及战斗，认为这样必致失败。

彼在《军形》篇说："古之所谓善战者，胜于易胜者也。故善战者之胜也，无智名，无勇功。……胜者之战民也，若决积水于千仞之谿者，形也。"又在《兵势》篇说："故善战者，求之于势。不责于人，故能择人而任势。……故善战人之势，如转圆石于千仞之山者，势也。"再在《虚实》篇说："夫兵形象水，水之形，避高而趋下，兵之形，避实而击虚。"

更于战斗实施时，须置士卒于死地，以期利用其自然之情而收伟效，如《九地》篇说："投之无所往，死且不北，死焉不得？士人尽力。兵士甚陷则不惧，无所往则固，深入则拘，不得已则斗。是故，其兵不修而戒，不求而得。不约而亲，不令而信。"同篇又说:"帅与之期,如登高而去其梯;帅与之深入诸侯之地,而发其机,焚舟破釜,若驱群羊,驱而往,驱而来,莫知所之。聚三军之众,投之于险,此谓将军之事也。"同篇再说:"故兵之情,围则御,不得已则斗,过则从。……投之亡地然后存,陷之死地然后生。夫众陷于害,然后能为胜败。"

(四)求己原理:战争之事,不管敌人如何,最重要的先求本身的强大,即自己先立于不败之地,然后方能乘机取胜。近年来各国所实施的各种国防计划,不外是在这个原则之下而努力着。

闲话休提,请看孙子的名言。彼在《军形》篇说"昔之善战者,先为不可胜,以待敌之可胜。不可胜在己,可胜在敌。"同篇又说:"故善战者,立于不败之地,而不失敌之败也。是故胜兵先胜而后求战,败兵先战而后求胜。"又在《九变》篇说"故用兵之法,无恃其不来,恃吾有以待也;无恃其不攻,恃吾有所不可攻也。"再在《九地》篇说:"是故不争天下之交,不养天下之权,信己之私,威加于敌,故其城可拔,其国可隳。"这在今日,是多么发人深省呢!

(五)全存原理:用兵的最高理想,是彼我不经血战,即全存,使敌屈服于我。因为这样的胜利,才是完全的胜利,最善的胜利。其所采取的策略为政治、外交、经济诸端,然必须拥有庞大的军备为背景。

如《谋攻》篇说:"凡用兵之法:全国为上,破国次之;全军为上,破军次之;全旅为上,破旅次之;全卒为上,破卒次之;全伍为上,破伍次之。是故百战百胜,非善之善者也;不战而屈人之兵,善之善者也。故上兵伐谋,其次伐交(此两项指用外交等策略)，其次伐兵，其下攻城。"同篇又说："故善用兵者，屈人之兵而非战也，拔人之城而非攻也，毁人之国而非久也，必以全争于天下，故兵不顿而利可全，此谋攻之法也。"

因为战争是劳民伤财的，如《作战》篇说："凡用兵之法，驰车千驷，革车千乘，带甲十万，千里馈粮，则内外之费，宾客之用，胶漆之材，车甲之奉，日费千金，然后十万之师举矣。"《用间》篇又说："凡兴师十万，出征千里，百姓之费，公家之奉，日费千金，内外骚动，怠于道路，不得操事者七十万家。"故战而胜，其牺牲亦不免，然拔人城，毁人国，其祸根亦愈深。所以在用兵上，必须奉"不战而屈人之兵"为最高原则。

（六）**主动原理**：这是说，在作战时，我必须掌握战场的支配权，常立于主动地位，陷敌于被动地位，处处受我左右，唯我的意图是从，而我的动作则自由自在，出其意表而攻之，必可取胜。如《虚实》篇说："凡先处战地而待敌者佚，后处战地而趋战者劳。故善战者，致人而不致于人。能使敌人自至者，利之也；能使敌人不得至者，害之也。故敌佚能劳之，饱能饥之，安能动之。"

同篇又说："故我欲战，敌虽高垒深沟，不得不与我战者，攻其所必救也；我不欲战，画地而守之，敌不得不与我战者，乖其所之也。故形人而我无形，则我专而敌分。我专为一，敌分为十，是以十攻其一也……"《兵势》篇亦说："故善动敌者，形之，敌必从之；予之，敌必取之。"

（七）**利动原理**：孟子喜谈仁义，而不谈利。孙子则着重于利，这是兵法家与儒学家的不同之处。利与战争有密切关系的，孙子把它分为三点。

一为见利而后战，如《九地》篇说："合于利而动，不合于利而止。"《火攻》篇说："非利不动，非得不用，非危不战。主不可以怒而兴师，将不可以愠而致战；合于利而动，不合于利而止。"《军争》篇说："故军争为利……故兵以诈立，以利动……"

二为以利鼓动我方士卒，如《作战》篇说："取敌之利者，货也。故车战，得车十乘已上，赏其先得者。"《军争》篇说："掠乡分众，廓地分利……"《九地》篇说："施无法之赏。"

三为以利引诱敌人，如《始计》篇说："利而诱之……"《兵势》篇说："以利动之，以卒待之。"《军争》篇说："故迂其途，而诱之以利。"《九变》篇说："役诸侯者以业，趋诸侯者以利。"《虚实》篇说："能使敌人自至者，利之也。"

（八）**迅速原理**：孙子原是主张"不战而屈人之兵"，倘若不得已而战，则以速战速胜，把战事结束得愈速为愈佳。不然，拖延下去，演成长期的持久战，这不独生命经济牺牲惨重，且酿成"渔人得利"之虞。

所以孙子在《作战》篇里说："其用战也胜，久则钝兵挫锐，攻城则力屈，久暴师则国用不足。夫钝兵挫锐，屈力殚货，则诸侯乘其弊而起，虽有智者，不能善其后矣。故兵闻拙速，未睹巧之久也。……国之贫于师者远输，远输则百姓贫；近于师者贵卖，贵卖则百姓财竭，财竭则急于丘役。力屈、财殚，中原内虚于家。百姓之费，十去其七；公家之费，破车罢马，甲胄矢弩，戟楯蔽橹，丘牛大车，十去其六。……故兵贵胜，不贵久。"

因此，在作战上，必须采择迅速的行动，如《九地》篇说："兵之情主速，乘人之不及，由不虞之道，攻其所不戒也。……敌人开阖,必亟入之。……后如脱兔,敌不及拒。"《军争》篇说:"故其疾如风……侵掠如火。"现代的速战速决主义,实胚胎于此。

(九)秘密原理: 在军事上,如作战计划、意图行动及一切措施必须保守秘密,不为敌知,方可收效。《始计》篇说:"攻其无备,出其不意。此兵家之胜,不可先传也。"《军形》篇说:"善守者藏于九地之下,善攻者动于九天之上,故能自保而全胜也。"

《虚实》篇说"出其所不趋,趋其所不意。……吾之所与战之地不可知"。同篇又说:"故形兵之极,至于无形。无形,则深间不能窥,智者不能谋。因形而措胜于众,众不能知。人皆知我所以胜之形,而莫知吾所以制胜之形。"

《军争》篇说"难知如阴"。《九地》篇说:"易其事,革其谋,使人无识;易其居,迂其途,使人不得虑。"同篇又说:"是故政举之日,夷关折符,无通其使……是故始如处女。"《用间》篇说:"事莫密于间。……间事未发而先闻者,间与所告者皆死。"

(十)变化原理: 这是说,一切战法,必须因时因地因敌而使用,决不可拘泥于一端。好比今日所用的战法为是,明日未必为是;在此地为良法,在彼地未必为良法;对此敌为制胜之术,对彼敌未必为制胜之术。总之,必须尽其运用变化之妙才可。

孙子于此发挥其高深的哲理说:"凡战者,以正合,以奇胜。故善出奇者,无穷如天地,不竭如江河。终而复始,日月是也;死而复生,四时是也。声不过五,五声之变,不可胜听也。色不过五,五色之变,不可胜观也。味不过五,五味之变,不可胜尝也。战势不过奇正,奇正之变,不可胜穷也。奇正相生,如循环之无端,孰能穷之?"——见《兵势》篇。《虚实》篇又说:"水因地而制流,兵因敌而制胜。故兵无常势,水无常形。能因敌变化而取胜者,谓之神。故五行无常胜,四时无常位,日有短长,月有死生。"

关于这一点,孙子更具体地提出了一些应变的原则:"用兵之法:高陵勿向,背丘勿逆,佯北勿从,锐卒勿攻,饵兵勿食,归师勿遏,围师必阙,穷寇勿迫。"——见《军争》篇。"圮地无舍,衢地合交,绝地无留,围地则谋,死地则战,途有所不由,军有所不击,城有所不攻,地有所不争,君命有所不受。"——见《九变》篇。

上述十大原理,我仅着重于材料的整理,尚未作详细阐明,继虽发现一些其他原理,亦未暇加入,拟俟诸异日另写专书。又,《孙子兵法》这十大原理,不独可应用于军事上,且可应用于政治斗争上,经济斗争上,以及一切斗争上,《孙子兵法》的原理真是不朽!

八、《孙子兵法》的伟大

日本近世大史家赖山阳很爱读《孙子兵法》,曾评《孙子兵法》说:"与其说是兵学的书,不如说是文学的书。"其他各家对于《孙子兵法》,有评为"兵学圣典",有评为"不朽不灭的大艺术品",或"外交教书",或"政治秘诀",或"人生哲学"。所以古今的军事家,固不用说,政治家、文学家,亦莫不研究《孙子兵法》。

在我国:如张良、韩信、邓禹、曹操、诸葛亮、杜预、唐太宗、李靖、苏老泉、王安石、欧阳修、岳武穆、刘伯温等均为研究《孙子兵法》的代表者。韩信于公元前二〇四年在井陉口布背水阵，大破赵军，事后部下问以取胜之理，他答道："兵法不是说过吗？'投之亡地然后存，陷之死地然后生。'"这两句话出自《九地》篇。

"乱世奸雄"曹操，他是注释《孙子兵法》的开山祖，其序说："吾观兵书战策多矣，孙武所著深矣。"诸葛亮于《后出师表》中评曹说："曹操智计殊绝于人，其用兵也，仿佛孙吴。"然"惟英雄能知英雄"，于此亦足见诸葛亮对《孙子兵法》的研究。至于苏老泉在文学上批评《孙子兵法》说"孙吴之简切"。降及近代，如太平天国诸将皆研究《孙子兵法》，曾国藩、胡林翼等均受《孙子兵法》的影响很大。

其在日本：日本古代各种兵法，如《甲阳军鉴》《信玄全集》《兵法记》《兵法秘传》等书，其中心思想，均出自《孙子兵法》。武田信玄很崇拜《孙子兵法》，彼曾录《军争》篇"其疾如风，其徐如林，侵掠如火，不动如山"四句，涂上军旗，竖于军门。

又，八幡太郎受兵法于大江匡房，陆奥之役，由于悟起《行军》篇"鸟起者，伏也"，故看见雁鸟的乱然飞起，遂断为有敌军伏兵，得免于危。降至近代，如日俄之役，联合海军总司令东乡元帅于对马海战，大败俄国的海军，其阵法就出自《孙子兵法》。彼于出发时，曾随身携有《孙子兵法》，于战胜后，道其战胜之理："以佚待劳[①]，以饱待饥。"这两句话，出自《军争》篇。

[①]《孙子兵法》原文作"以佚待劳"，即今"以逸待劳"，下同。佚，同"逸"。

尾川敬二的《孙子论讲》中曾被题以"以正合，以奇胜"，这两句话，出自《兵势》篇。过去日军侵华时，日本中央公论社曾将大场弥平著的袖珍版《孙子兵法》一书加印五千册，分赠侵华倭军。

至在欧洲：拿破仑于阵中，常不停披诵法译《孙子兵法》（按：是当时法国到东方传教的教士，携原本返本国所译成者）。威廉二世于落魄的侨居生活中，看着《孙子兵法》，曾发了这样的浩叹："在二十年前，倘若读到这本书，则……"因为最感动他的《火攻》篇说："主不可以怒而兴师，将不可以愠而致战。合于利而动，不合于利而止。怒可以复喜，愠可以复悦，亡国不可以复存，死者不可以复生。"

蒋百里先生的杰作《国防论》，其中有一文曾述及他见伯卢麦将军于柏林南方森林中的别墅（按：伯卢麦曾任普法战争的普军大本营作战课长，又为世界驰名的《战略论》的著者），当时以手抚彼肩说："好为之矣，愿子之诚有所贯彻也！抑吾闻之：拿破仑有言：'百年后，东方将有兵略家出，以继承其古昔教训之原则，为欧人之大敌也。'子好为之矣！"彼又点睛说："所谓古昔之教训云者，则《孙子》（是书现有德文译本，余所见也）是也。"

于此，亦足见欧洲军人对《孙子兵法》的注意。《孙子兵法》真是世界一部不朽的兵学宝典！

《孙子兵法》详解

我不喜欢沿用古人注解《论语》《孟子》般的死的形式,我所用的是活的形式。活的兵法,应有活的编法、活的解释,读兵法也应有活的读法,倘若死读、死用,那是危险极了。

始计第一

战争是古今国家间所不能避免的现象。然战争必须"始计"——首先确立周密的作战计划,诚以战争的胜败,恒决于此。五事七计乃作战计划的大本,此外,本篇又提供十余项所谓"诡道"的原则——政略、战略、战术的原则。

孙子曰:兵者,国之大事,死生之地,存亡之道,不可不察也。

战争是国家最重大的事件,作战计划之良否,就军人说,是决定死生命运的分水岭;就国家说,是划分盛衰存亡的分歧点。所以在未战之初,非详加审察不可。

孙子与老子

孙子像点大炬火般地劈头揭出纲领,这种笔法,正和老子相同。这,倘若不加留意,也许看不出孙子的伟大。彼不说情感的话，而是极有组织地、合理地推论，悠然进笔，一字一句一节地顺着次序而建立他的战争哲学，从战争"下子"的开始，徐徐地变化和发展下去。老子说："知常曰明。不知常，妄作，凶。知常容，容乃公，公乃全，全乃天，天乃道，道乃久，没身不殆。"这是告诫为元首与主将者不可因感情的冲动，而轻启战端，必须如《火攻》篇所说："主不可以怒而兴师，将不可以愠而致战。合于利而动，不合于利而止。"同时也暗示为元首与主将者要"安不忘危，治不忘乱"。即说常要充实国防力（精神力与物质力），以达到"武装和平"；或进攻敌人，或抵抗敌人，不致招来失败之惨。总之，战争关乎国家与人民（军人）的安危与命运，有因战争而生而死者，有因战争而存而亡者，所以孙子于开卷的第一页，就用警告的口吻说"不可不察也"，而促人内省。

【孙子曰】子字，在中国古代有以美称男子，有以尊称教师或圣贤。有人说，中国古代子书多出于门生弟子的笔记或追记，其中所用的"子曰"（如"孟子曰"等），为弟子记录尊师语录之言，似今谓"先生说"之意。故《孙子兵法》篇首所用"孙子曰"，实可疑为彼（孙武）门生弟子笔记或追记所加。但据考证的结果，孙子十三篇实为孙武自撰以献吴王，彼并无开馆授教之事。又有人说，此书"孙子曰"三字，非孙武自用，乃后人加上以尊称之；献于吴王时，当不便自称"孙子曰"。至于《孙子》或《孙子兵法》的书名，亦为后人所题。编者赞成此说。

兵字的种种意义

【兵】字在此为战争的意思，原有种种的使用：（一）军队，例如"抗兵相若";(二)军火(兵器),例如"弃甲曳兵而走";(三)兵丁(兵士),例如"募兵";(四)军事,例如"通晓于兵";(五)打仗或战争,例如"开兵端";(六)武力的支配,例如"兵权";(七)军略(兵法),例如"兵者……";(八)战斗力(兵力),例如"兵强却败"。【国】由领土、人民、主权三个要素构成(倘若缺了某一个,就叫作"拟国家")。换言之,有在一定地域内集合的人民,且有统治力的政府的存在,就叫作国家。但此书所谓的"国",是指周王所封的王族与有功者乘着天子失了统治力后,肆意兼并弱国,身为诸侯,却僭号国王,而将其领土称为"国"的一种变态的国家。【地】与【道】含有界限意。

战争定义的种种

古代人著书与近代人不同,近代人著书于开卷第一章,照例先下定义,阐明本质,古人往往则否。孙子在这劈头,仅言战争的重要性,而于战争的定义则未下(后面也不下),也许是因为时代的关系吧。历来战争的定义有很多,有说:"战争是一方军队为得胜利,乃尽一切手段而取攻势的状态。"有说:"战争是权力的最后裁判,何则?因为国王与国家在地球上不被承认为一种最高权力,所以最终的裁判,非委于兵器之神不可。"也有说:"战争不外是人与人之间的最后暴行的继续状态。"不过大家一致推许的,乃为克劳塞维茨将军的定义,彼在其名著《战争论》中说:

> 战争不外乎以别的手段(强力手段)而进行的政治的继续……战争是决斗的进化。……因之,所谓战争是

屈服敌人而实现自己意志所用的暴力行为。

但是，在这里要注意的是，在克劳塞维茨以后，因为"社会的状态"发生了显著变化，所以把近代战争，单认作政治的继续，不问自己意志的是非而使用暴力，都是错误的。因此，便不能仅把以军队为主的武力行为当作战争的手段了。

国力战

今日的战争，构成于——伴着现在国家之间生存竞争白热化的——全国民生活的本身，即国民的各种生活悉成为战争的手段（即所谓国力战）。而区别这各种生活，则可以概括为四部门：第一，武力作战；第二，经济作战；第三，政略作战；第四，思想作战。

故经之以五事，校之以计，而索其情：一曰道，二曰天，三曰地，四曰将，五曰法。

故在未战之初，即当计划战争之时，就要揣度我以下述的五事，即问我是否已具备这五种优越的条件，又拿下述的七计（自主孰有道，至赏罚孰明），以比较之，而寻出敌我的实情——敌我的优劣。于是，就可以预先推知胜败了。所谓五事，即道、天、地、将、法五项。（详见于次节）

【故】字，孙子很喜欢用，于各篇中，共有"故"八十一个，"是故"十四个。又孙子亦喜用"必"字，于各篇中共用了四十五个，如"必胜""必败""必取""必固"等。不待说，这是在加强语气，并显示立论真确，以建立铁的兵学。也可以说：孙子献策吴王，为求自己的见用，必须取信于吴王，故出以坚决的断言，不暇左顾右盼之意。再孙子亦喜用比喻，如各篇所用的"积水""木石""日月""如风""如林""如山""如雷霆""处女""脱兔"等。【经】是度意。【校】是较意。【计】应解为项目或条件意。

道者，令民与上同意也，故可以与之死，可以与之生，而不畏危；

五事的第一项是道，道是什么？即元首或政府行道，可使国民与他（上）的意志一致，共同生死，人人燃烧着必胜的信念，不管在怎样的情形之下，都不怕危险。

道字的解释

【道】字有种种含义，如路、理、术、说、治、引、顺等，更在哲学上、经济上、政治上各有其意义。本项的所谓道，渊源于老子，表现于政治上，具体说，即统治者（元首或政府）对被统治者（民众）有道——施行善政。在古代，君主施行仁政，省刑薄敛，是谓有道。有道方能"令民与上同意也，故可以与之死，可以与之生，而不畏危"，《孟子》中亦有同意义的记载。

邹与鲁哄。穆公问曰："吾有司死者三十三人，而民莫之死也。诛之，则不可胜诛；不诛，则疾视其长上之死而不救。如之何则可也？"孟子对曰："凶年饥岁，君之民，老弱转乎沟壑，壮者散而之四方者，几千人矣。而君之仓廪实，府库充，有司莫以告，是上慢而残下也。曾子曰：'戒之戒之！出乎尔者，反乎尔者也。'夫民今而后得反之也，君无尤焉！君行仁政，斯民亲其上，死其长矣。"

（按：我国古代政府采取征兵制度，士兵是从国民中抽出的壮丁，所以民即兵，兵即民，好比现今列强所采取的"全国皆兵主义"。但《孙子兵法》《孟子》所谓"民"，非仅指一部分兵卒，且指全体国民。）

在现代，元首或政府厉行廉洁政治，救济失业人口，改善人民生活，改良社会制度，发展产业与文化等，总之，为人民除痛苦，谋利益，是谓有道。这样，人民便信仰政府，形成坚牢的团结力，若政府为正义而战，或为民族生存而战，乃动员他们去作战，他们必定服从命令，踊跃牺牲，不畏避，不叛变。总之，道的目的，在使民族一致团结，或举国一致。

道与精神力

战争的胜败，关乎民族精神的一致团结与否至巨。第一次世界大战后，德将鲁登道夫于一九三五年，发表《总体战》一书，是书为彼一生兵学研究与作战经验的结晶，其中反复阐明民族精神的一致团结为全体性战争的基础，彼说："一国之国防力，植根于其民族中。国防力为民族中之一种成分，视其民族之物理力、经济力及精神力之大小以定，而全体性战争中之国防力之大小以定，其中尤以精神力为重要，所以使民族武力一致团结者为精神力,所以能在为争民族生存之全体性战争中支持日久者,视其精神力。此项战争,非今日始而明日终,可以迁延至极长之年月。今日世界上任何国家,咸知军备与军人教练、军人武装之不可缺,然所以决定其为民族生存之战争之胜败,则视此精神力。唯有此精神的一致团结,然后其国民对于前方军队常有新精神力之灌输,且为国防而工作,而能在极艰难之战争中,与夫敌方之攻击中,尚存有战胜与克敌的决心。"而其所以使民族一致团结的方法,彼站在德国的立场上,则主张实施种族政策、宗教政策(以种族本位之上帝观念为基础),并改善国内经济状况,肃清政治上的弊病等。孙子以"道"的方法达到民族的一致团结,鲁登道夫则以上举的方法达到民族的一致团结,方法虽因时间与空间的不同,有所差异,而其目的则一。孙子于五事、七计中,均列道于首位,而鲁登道夫则以精神力为全书的中心。

天者,阴阳、寒暑、时制也;

五事的第二项是天,即利用阴阳、寒暑、时制而相机作战的事情。

迷信的利用

【阴阳】是昼、夜、朝、暮、风、雨、晦、明意,但亦有解为鬼神、卜筮、扶乩等阴阳说意,这是迷信的,而孙子乃一破除迷信大家。彼在《九地》篇说"禁祥去疑",又在《用间》篇说:"不可取于鬼神,不可象于事,不可验于度。"据此足证其误。不过,聪明的主将,间亦有因士卒人民的心理而利用迷信以鼓舞斗志的事。例如日本永禄三年①，桶狭间之役，织田信长拜谒热田神官用钱占卜说："出现的是钱面则吉，钱背则凶。"那时，出现的全是钱面，所以士卒皆大欢喜，踊跃地向桶狭间杀去，结果大胜。殊不知，这钱，乃织田信长预先铸定两面俱为钱面的。至于全凭迷信作战，那必败无疑。

德军的失败

【寒暑】在古代，可用《司马法》上说的"冬夏不兴师"一语说明。诚以在防寒防疲设施尚未完善的时代，是最忌酷寒酷暑作战的。冬夏之战，往往病死者比战死者要多，即使在科学发明的现代，依然尚未做到"天时的征服"。例如此次苏德战争（此处指莫斯科战役），以科学发达著称的德军迫近莫斯科之际，因困于严寒无情的"冬将军"，便不能前进了。

寒带演习

唯美国近来对防寒装备似有相当办法，如美军曾在荒凉之阿留申群岛及阿拉斯加等地举行寒带作战演习，该地温度曾达零下六十度，美军借低温检测射击武器、雷达（无线电探测器）、无线电信及坦克、飞机等所受的影响，而谋改进，并拟在北极冰山上建立机场，以防御来自北极对美攻击的敌人。巴黎的报纸说："北极区域在任何未来的战争中，将占一重要地位。"不过这要看将来防寒问题能够解决到什么程度。

---

① 即公元一五六〇年，明嘉靖三十九年。

军事气象学

【时制】总括四季、风、雨、云、雾、霜、雪及天体的变动所带来的气象。总之，本项俱属于气象问题。关于气象的研究，在古代有半正确不正确的天文学。在现代，则有气象学。气象学为研究天气变化的科学。而应用气象原理于战争的学问，则为军事气象学。气象与军事（尤其是空军、海军）有密切关系的，如炮兵的发弹，化学部队的施毒，飞机队的轰炸，以及军舰的活动，都非先知当时的天气变化不可。又如士兵卫生的设施，军需材料的备置，军械运输的策划，以及海港、空港的选筑，都必须熟知各地的气候，方可着手。欲预先测知气象的变化，则须仰赖各种科学仪器，如气压计、温度器、湿度器、风向器、风力器、雷达（现此器已能探知二百里外的暴风雨，及在十小时前便能预知天将下雨）等。而于军中欲详知气象，除尽量自备这些仪器外，尚须与各地气象台合作。

地者，远近、险易、广狭、死生也；

所谓地是从根据地到战场的远近，战地的险隘与平坦，战线的延长与广狭，以及或可以退却的生地，或不能退却的死地。即根据此等条件而从事作战的研究。

本项详见《行军》《地形》《九地》诸篇。其在现代，则为地形学的研究内容，五万分之一的地图及模型图的研究。

地理与军备

一国军备与其地理有着密切的关系，大凡大陆国家看重陆军的建设；海洋国家着重海军的建设；至于空军则附属于海陆军，依其状况而定多寡。例如英国是海洋国家，故彼的主力在海空两项，而陆军次之。法、苏是大陆国家，所以它们的主力在陆空两项，而海军次之。美国既为海洋国又为大陆国，故建设有世界最强大的陆海空军，这是由于其拥有最大的财力、工业实力，非他国所能仿效的。

地形与攻守

至在攻守上，克劳塞维茨将军说得好："地形为战略的一个要素，影响于攻守很大。"（见拙译：《克劳塞维茨〈战争论〉纲要》）又说："地理影响于战略如此重大，但仅以此而欲取得战胜则不可能。地形是死物，有待于利用，战胜是依于战斗的胜利而获利。"（见同书）但现代武器威力的增大，已使地形减小了障碍力，不似昔日于战略战术的影响重大了。

将者，智、信、仁、勇、严也；

五事的第四项是将，即说为将者必须具备智、信、仁、勇、严五个要素。

【智】是多谋，运筹于帷幄之中，决胜负于千里之外。【信】是不欺，信赏必罚，财政公开。【仁】是仁爱，爱士卒，爱人民。【勇】是不惧，沉着应战，身先士卒。【严】是宽之反，态度严正，纪律严明。这五个要素，亦被称为"五才"或"五德"，然欲求同时具备这五个要素的将帅，殊非易事。大凡长于智者，往往短于勇；长于勇者，往往短于仁；长于仁者，往往短于严。此曾国藩所以有"招兵易，选将难"之叹。自古偏才之将多，全才之将少。其在我国，除孙武、诸葛亮、李靖、岳飞、戚继光诸人外，实不可多得。

请再看：

证以《操典》《纲要》《规则》

《步兵操典》上说："各级干部为军队指挥之枢纽，士气团结之核心。故凡事必须率先躬行，与部下共同甘苦，而使之尊信，且于战斗残酷之际，尤须勇敢沉着，从容指挥，以打破其艰险困穷之环境，使部下信仰弥笃，视若泰岳，乃能克敌致果完成使命。"

《作战纲要》上说："指挥官为军队团结之中心，其德威之高下，影响于士气之消长者甚大。故指挥官必须具有高尚之品格，勇毅之精神，坚确之意志，卓越之识见，使一言一行，足为部下所矜式。凡事尤贵率先躬行，与部下共甘苦，而获得其爱护与尊信，以树立统御之基础。"

《军队内务规则》上说："上官为部下之表率，故宜修养道德，增进学识，高尚品格，明公私之别，以大公处事，于严守法规中，须寓有爱护之意。待遇部下当情同骨肉，使部下真心爱戴，诚恳悦服。如此则上下相感，意志互通，虽不期部下之信赖，而信赖自集于一身。及至死生危难之间，终克为部下景仰之中心，是乃得众望之道，而统驭之要诀即在于斯。"

《作战纲要》所说的"卓越之识见",可以当孙子的智。《军队内务规则》所说"上下相感,意志互通",可以当信。"待遇部下当情同骨肉",可以当仁。"严守法规",可以当严。《步兵操典》说"于战斗残酷之际,尤须勇敢沉着,从容指挥,以打破其艰险困穷之环境,使部下信仰弥笃,视若泰岳",可以当勇。这正是说明古今将帅应具同样的要素。关于主将应具的要素及应负的责任等,在克劳塞维茨的《战争论》及鲁登道夫的《总体战》两书中,论之綦详,读者可参考。

法者,曲制、官道、主用也。

最末一项叫作法,分为曲制——军队的编制,官道——各官的服务规律,主用——军费,即军需品的三种,属于军制。

古代的编制

【法】为军制意,其范围包含军政、军令、军法三大部门。【曲制】——部曲的制度,类似现今部队的编制,分为平时编制与战时编制。战术单位为营,战略单位为师。我国古代军队的编制:五人为伍,十人为什,五十人为队,百人为曲,二百人为官,四百人为部,五百人为旅等。又我国古代的战斗序列,据美国军事家吉布索的考证,弓队列最前线,枪戟列第二线,其次为车队,再次为步兵、中军(左翼、右翼)、骑兵、辎重等。【官道】——各官所奉行之道,即在其职务上所应遵守奉行的各种法规,以及升迁赏罚等事项。【主用】——军队的主要用度,如军费、兵器、弹药、粮食等。

凡此五者，将莫不闻，知之者胜，不知者不胜。

上述五事，凡为主将者虽已听过，但求其能知能行的，那就难了。故能知能行的（即能取得人和，利用天时与地利，善选择将才，健全军制等），就可取胜，反之则败，这是战争的基本论。

【将】在我国古代有主将及偏将、裨将之分。主将如今之总司令、总指挥等。偏将如今之军、师长等。裨将如今之参谋长等。本书中将字很多，有的指主将，有的指偏将或裨将，有的统括一般将官，这是读者要注意的。【知】孙子所用知字，多含能行意，即能知能行意。

故校之以计，而索其情，

解释见前。

曰：主孰有道？将孰有能？天地孰得？法令孰行？兵众孰强？士卒孰练？赏罚孰明？吾以此知胜负矣。

双方的元首，谁是有道的（有道则得人和，内部团结）；将帅哪方有才能（以智、信、仁、勇、严为标准），哪方无才能？天时地利哪方是有利的？切实执行法律命令的是敌国或我国？兵士多寡与其武器精劣的比较情况如何？教练熟的与不熟的分别是哪方？哪方赏罚严明，哪方乱赏滥罚？若比较计算这七项，则在未战前，就可以断定胜负了。

本节，在今日观之，编者以为应补充三项：（一）财政孰足，（二）生产（农工业）孰富，（三）外交孰利，未审读者以为何如？虽然孙子在后面各篇中，亦已提到外交及财政经济诸端。

将听吾计，用之必胜，留之；将不听吾计，用之必败，去之。

战争之事，在乎将领得人。将领（指偏将、裨将）倘若听从，力行我（主将）的计划，用他必可操左券，这样，就留下以为手足。反之，不听从我的计划，即意气不投，喜欢自由行动，必致偾事，那非把他辞退不可。这样，才能上下一致，如身之使臂，臂之使指，进而争取战胜之果。

服从第一

孙子所谓"听"与"不听"，不外是说下级军官对上级长官的服从问题。鲁登道夫亦有同样见解，他在《总体战》上说："今后主帅事权之统一，较之昔日世界大战，尤为进步。主帅应要求方面或大军军长或军团长之直接于主帅者，绝对服从其命令，同时对于此外之不直接者，原以颁发特定命令为限，亦可提出绝对服从之要求。其为方面大军，军长与军总司令者对于其所属部队，亦可提出同种之要求，唯如此而后有统一动作之可言。一九一四年八月，下级司令竟与上级司令冲突，妨碍上级意志之实行或迟延之，此万万不可者也。（第一次）世界大战中最高统帅部常以决定之权委诸军团司令部代行，且发下模棱两可之命令（如临机酌辨字样），致令劳林方面之第六军与一九一四年九月九日第一、第二两军陷于罪戾。此亦万万不可者也。盖各方大军得向中央要求明显之命令，犹之元帅得要求各军之绝对服从也。假令下级将官认为中央命令有难以执行之处，则电信往还亦甚便利，自可请命中央予以变通。此所言者，非为下级将官之不服从开方便之门，乃正所以求作战行动之统一也。余本于实战之经验，要求全体将官对于主帅之绝对服从，惟在绝对服从之范围内，许以多少之独立性。在此基础之上，主帅乃能确保其意志之贯彻。"（余所著《战时之不服从》一书中，力言统帅权受下级司令抗命之害，可参考而证之。）

选将应有的注意

不论任何名将，个性的一长一短，在所难免。故当军司令部等编成时，就要配以长短相补的幕僚。孙子的所谓"阴阳"，我想：在这种情形下，也自有其真理吧？又，任何国家，虽然没有故意用必败之将的事，但出乎意料，耸于本人的虚名、声望及其他种种的对内事情，也有误认必败的将帅为必胜的将帅的情形。例如，战国时代，赵中秦的反间计，误认名将赵奢之子赵括会谈兵而为良将，用之将兵抗秦，结果战败。原来兵学是活物，战略战术大家，往往在实战上，变为格外的拙手，这是要注意的。本节，张预曾臆解为："将，辞也，孙子谓：'今将听吾所陈之计而用兵，则必胜，我乃留此矣。将不听吾所陈之计而用兵，则必败，我乃去之他国矣。'以此辞激吴王而求用也。"

——尾川敬二《孙子论讲》

计利以听，乃为之势，以佐其外。势者，因利而制权也。

主将根据上述五事七计等项，制定有利计划，部下诸将领已经听从。因内部意志已趋一致，作战计划亦已确立，所以就转而着手于外部工作。于是，就努力把周围的形势，导致有利于我军事行动，而从外部以佐助之（如行反间，播谣言，或高唱正义，以造成舆论，及运用外交手段，以取得邻国的同情声援，而使敌国陷于孤立等）。所谓势者，即依我利益的所在，采取权宜的处置方法，而不拘束于常法。

【因利而制权】权字，原为秤锤意。锤在秤上，因物体的轻重而起变化，是为权衡，借用甚广。制字应解为处置或解决意。

不能佐外举例

鲁登道夫在他的《大战回忆录》一书中，曾论第一次世界大战的教训说："德国对于敌人之注意于后方作战，既自有所感觉，岂不应用此有力武器，反加诸敌人之身乎？敌国图所以动摇吾国之精神团结，吾岂不应用同等之方法以对待之乎？这种战斗法，可谓为由内而外之法，先由后方下手，再及于中立国，更移而至于前线。当然吾德国之不如人者，在其缺乏一种宣传之辅助法门，及对于敌做饥饿封锁以动其人民是矣。"这是德国主将不能"为势佐外"的写照。

兵者，诡道也。

兵法是奇诈的术策，不是正经的伦理道德。

诡道的真谛

《军争》篇亦说:"故兵以诈立,以利动,以分合为变者也。"下述十余项,便是诡道,即战略、战术与政略,在现代国防作战上,可资借鉴。

本项的解释,昔人有此说:"诡是欺诈,道是方策。用兵虽本仁义,然制胜必在诡诈。古之良将,未有不好计谋,取方便。"

又有此说:"不仅诈敌,且诈我士卒,可使由之,不可使知之。"

所谓对敌或对内,均用诈术,虽不光明正大,但"兵者,诡道也",是斗力,同时也是斗智——这样解释方为恰当。战术原是一种权谋,不论怎样说法,都是大同小异的。

"王者之兵,以仁义为本,故不用诈。"这样说,简直是诡辩。用兵——有正亦有奇,有体亦有用,有常则亦有变则,一至兵刃相见时,就非用诡计而求易胜不可。

不要把诡道曲解为"诡与道",诡道一定是欺道,权道,变道,奇道。

战争是手段——达成政治目的的一种手段,不是目的。而欲用此手段,必须抱有伟大的政治目的,或为正义而战,或为和平而战。

故能而示之不能,

自己有才能的,表面却装着无才能的样子,使仇己者安心,这是就个人处世而说。我军有能战的力量,破敌的战斗能力,在表面上却装作怯弱而不能战的模样,以引诱敌人,或待机而动,这是就战略战术而说。就一国的国防而说，现在各国为准备将来的战争，其兵器装备及兵员的素质等，都是绝对保守秘密的，这是准备战争一爆发时，即出乎敌的意表，挟其优越的战斗力，以决胜负于疆场。自此项起，共有十二个"之"字，均指敌方。

用而示之不用，

已有用兵的决心，表面却装作不用的样子，使敌不备，乃乘隙而攻之。

艾森豪威尔将军于一九四四年为登陆诺曼底，开辟欧洲第二战场，乃先用空军轰击丹麦与加来之间的地区，使德军以为盟军将由那里登陆，把大部分兵力调至离诺曼底很远之处，遂得乘虚侵入，完成史无前例的大登陆，可为例证。

近而示之远，

攻击敌人之期已迫近，却使敌人以为尚未迫近，甚至以为没有开战之意，使敌忽于准备，而乘其隙。

日俄之役

据日本学者的引证，日俄之役时，日本于最初已决意与俄开战，但不显露于表面。当时国民同志会、学者们、国民等都是催促立即开战的，而内阁总理大臣桂太郎却不轻于表明意旨，但一旦决定断绝国交，瓜生舰队即不失良机地击沉俄舰两艘于仁川。

远而示之近，

欲夺取远的城市，而装作夺取近的城市；或要从远的他方退却，而示以从近的此方退却，使敌方集中主力于此方，而得以乘隙脱离敌人。

拿翁退却

一八一二年之冬，拿破仑惨败于俄京，在退却的途中，侦知鲍里索夫的桥梁已被敌方占领，乃留二万四千兵于乌迪诺将军，命其向鲍里索夫以南移动。乌迪诺将军故意修筑道路，播散流言，努力把俄军的先锋、主力集中于此方，俄军竟上其当。于是拿破仑便乘隙架桥于斯图蒂扬卡的东方，完成全军的渡河。

利而诱之，

饵以小利，取其大利。

具体来说，弃一方而取他方，牺牲一部队而令其他部队取胜，这是战场上常有的事。

至于以金钱爵位收买敌人投降，在历史上亦不少。

乱而取之，

要运用种种术策，以扰乱敌军敌国，而得乘隙攻取之。

如今日所谓游击队、"第五纵队"等，便是此项任务的执行者。又如第一次世界大战中，英京伦敦《每日邮报》的社长诺思克利夫操纵着协约国的新闻，对德内部，大播不利的宣传，使德国前方受着铁弹，后方又受着纸弹。后来德国虽知讲求对策，但已太迟了。因此，内部加紧崩坏，虽有精锐的前线部队也用处不大了。

实而备之，
敌军兵强马壮，我则严阵以待。

亦可以解释为：敌国的军备充实时，我非特加防备不可。例如今日列强发展重工业，制造新武器，构筑要塞，陈兵国境等事。

强而避之，
敌强，则暂避其锋锐，而等待时机。

例如一八一二年俄国对拿破仑侵入的军事行动。至于后述"小敌之坚，大敌之擒也"或"锐卒勿攻"等，均与此项意义相近。

怒而挠之，
这是说要激怒敌军，以扰乱其理性，使其陷于轻举妄动，我方有机可乘。

但必须敌将是刚戾的、躁急的，方得用此计。不然，也是徒劳。例如诸葛亮试赠司马懿以巾帼妇人之服，而懿不为所动。

卑而骄之，
我采取谦逊懦弱的态度，使敌骄慢。

例如赤壁之战，黄盖欺骗曹操的手段。——见《三国志》。或采取退却行动，使敌骄慢，例如孙膑用减灶计，以欺庞涓。——见《史记》。

佚而劳之，

敌军驻扎一地，兵力充实，给养丰足，安闲以蓄其锐气，将为所欲为，是谓"佚"；而使之疲于奔命，是谓"劳之"。

其法：或用空袭，或行夜袭，或威胁敌后，或示以进攻敌线之状等。

亲而离之，

这里所谓"亲"，不仅指君臣将卒间的相亲，国与国间的相亲也包括在内。凡此敌人，均要设法离间之，使其孤立崩坏。

前者，如楚汉之争，汉之对范增。后者，如第一次世界大战，英国用外交手腕，把同盟军方面的意大利，拉到协约军方面来。

攻其无备，出其不意。

无备与不意，均为敌之虚——《虚实》篇之所谓虚，即前者为有形之虚，如某点、某地之虚；后者为无形之虚，如意中所忽略之事，或想不到之事；乘此虚而攻之，定可百战百胜。

《作战纲要》说："攻击愈能出敌不意，其成果亦必愈大。"又说："作战必须常立于'主动地位'。为达到此目的，凡我军之企图计划与行动等，尤须'严守秘密'，全军相戒，然后能以疾风迅雷之势，出敌不意，使敌不遑应付，乃奏临机制胜之效也。"

太平洋之战的佐证

于此,在过去太平洋战争中,有两个例证:一为日本偷袭美国珍珠港,一为美国使用原子弹空袭日本。前者使美国太平洋舰队几乎消灭殆尽(据美方公布,被击毁主力舰5艘,驱逐舰2艘,其他1艘;重伤主力舰3艘,轻巡舰3艘,驱逐舰1艘,其他3艘;被击毁飞机188架,伤159架),并延长其反攻时间达两年之久。后者使广岛、长崎损失不可计数,并促使日本提前向盟国投降。否则各为对方先知,严加戒备,绝难产生这种惊人的效果无疑。

此兵家之胜,不可先传也。

上述各项,均为兵家制胜的要谛,但是战争之事,不测的状况常突如其来,极其千变万化,要临机应变,到底不能预先一一传授。亦有解为:兵家之所以取胜,因为所用的是诡道,要绝对秘密,不可于事前泄露,致传闻于敌人。

夫未战而庙算胜者,得算多也;未战而庙算不胜者,得算少也。多算胜,少算不胜,而况于无算乎!吾以此观之,胜负见矣。

在未战之初,元首召集军事要员,郑重会议于庙堂之上,以决定作战计划,即检讨上述五事七计以决定作战计划,这计划的良否,足以决定战争胜败。申言之,未战之初,其计划已足胜敌的,是由于计划周密,败者反是。即一战则必胜,一战则必败,至于没有计划的,更不用说。故依此观察,于战前就可预先判知谁胜谁败了。

【庙算】兴师为国家大事,在古代,君臣必先谨告于祖庙,并在庙内会议军事：一为求祖先的佑助，二为统一君臣的意志，三为防谋略的外泄。此时，基于彼我的考虑比较，而定出作战的基本计划，即为"庙算"。【多算】是周密的计划或成算。

四大例证

【少算】是疏漏的计划。计划的疏漏者战则必败，在近代战史上可找到两大实例：一为日俄战争中的俄国，一为第一次世界大战中的德国。德国对协约军的作战，当初参谋本部计划一年便可结束战事，因之，对于物质不做充分的准备。殊不知，战争时间延长，超出他们计划，终以物质的不足，产生恐慌，引起内部的革命，便乞和了。俄国对日作战，战前没有计划到西伯利亚铁路单线运输的不足，与波罗的海舰队东航的疲劳，交战后，海陆军大败，只得屈服。在二次世界大战中，亦有两大实例：一为日本进犯我国，原计划以三个月攻占我国首都后，便可结束战争，未料战事竟延至八年[①]之久，反为我国取得最后胜利。次为德国攻苏，希特勒亦计划以三个月征服苏联，未料莫斯科未攻下，即遇"冬将军"，陷于胶着，翌年进兵斯大林格勒，又遭惨败，一直被苏军追杀到柏林。于此，可见一国对外作战计划是不能错误的，一错误即失败，而亡国随之。所以孙子于开端便大声疾呼道："不可不察也。"

[①] 一九三七年"七七事变"标志着日本帝国主义全面侵华战争开始。一九四五年八月，日本宣布无条件投降，中国人民取得抗日战争的伟大胜利。（全书"八年"同此解）

作战第二

本篇以速战速决主义为中心，反复痛陈久战之害。于粮食，主张"因敌"；于俘虏，主张收编；最后则强调将帅的重要性，以结束全篇，意味尤深长。

孙子曰：凡用兵之法，驰车千驷，革车千乘，带甲十万，千里馈粮，则内外之费，宾客之用，胶漆之材，车甲之奉，日费千金，然后十万之师举矣。

大凡用兵的法则，因时不同。仅就普通的战争说，驾四匹马的快速而用于攻击的战车千架，与附属而用于守御的皮革装甲车亦千架，合计配置佩戴甲胄的武装士兵十万人，这大批军队，其输送粮食于千里之远的费用，国内外的战事特别费，外交费（如游说家的怀柔费，对中立的使节所花的外交费，以及其他费用等），制造弓矢甲胄的胶漆原料费，以及兵车甲胄的修缮费，补充费，合计每日约需千金的巨款，然后方能出动这十万远征军。

军队的机械化

【驰车千驷，革车千乘，带甲十万】中国古代的布阵，类似荷马时代的古希腊，战车为重要的原动力，每架战车配以一定人数的步兵。在春秋时代驰车配七十五人，革车配二十五人，各一千架，合计十万名。张预说："驰车即攻车也，革车即守车也。"曹操《孟德新书》载："攻车一乘，前拒一队，左右角二队，共七十五人。守车一乘，炊子十人，守装五人，厩养五人，樵汲五人，共二十五人。"说到这里，使我想起今日"军队的机械化"来，古代所谓驰车、革车、带甲，无疑约等于今日所谓"军队的机械化"。第一次世界大战后，世界列强莫不努力于军队机械化，即配属战车、装甲汽车、天然气汽车等于军队，以充实军队攻击力、运动力、防护力，并增进其机动力，而使战术与战略上的急袭，得以实现。更进而创设"机械化兵团"，使其可以独立作战。其次，古代的驰车、革车是用牛马拖动的，但现代的战车、汽车等变为燃油驱动；石油是"地球的血液"，平时列强俱为争夺石油而战，因为到了战时，倘若石油发生缺乏，简直足以导致战争的失败。军用的最重要武器——战车、飞机等若没有石油使用，则变为死物；至于兵舰没有石油使用，则速度亦低，若使用石炭，则浓烟上升，易为敌人所发现。法国福煦元帅曾说过："一滴石油比一滴血还宝贵。"又说："协约国乘石油之浪而游到战捷的彼岸。"真是经验之言。

【千里，千金】是模糊的数字，一言其远，一言其多。金是货币的通称，中国古代并不以金为本位。

两次大战动员及战费数目

【举兵十万，日费千金】这是两千年前战争的一种状态，降及现代的战争，其规模的庞大，迥非古代可比。第一次世界大战，双方动员3000余万人（直接、间接参战的兵员）；第二次世界大战，双方动员9000余万人，约为第一次世界大战的三倍多。至于第二次世界大战，双方所用的战费则为第一次的四倍多，据瑞士国际票据兑换银行最近的报告："第二次世界大战所耗费用，计为第一次世界大战之四倍多，至去年夏季为止，世界各国国库所负担经费约达6800亿美元。将一九一三年币值折合为一九四五年币值，第一次世界大战费用约为1800亿美元。以上各数仅为直接战费；生命之牺牲，财产之毁损，生产之减少，战事救济费用以及中立国所受损失，俱未计算在内。"我想：这个天文数字，应为孙子当时所未梦想到的吧！

战争与经济

奥国战将莫德古古里说："作战之第一要素曰金钱，第二要素曰金钱，第三要素亦曰金钱。"足见金钱的重要。在腓特烈的记录中，亦屡涉"军力"与"财政"的密切关系，他所导演的七年战争，倘若不得英国财政上的援助，绝不会维持得那么长久。第一次世界大战中，英、法各国如无美国的借款和军需品供给，恐在美国参战前，早被德国打败，亦未可知。至第二次世界大战，英、苏、中、法等国亦靠美国物质的租借，才能继续战争，打败敌人。据美国总统杜鲁门最近宣布，美国在一九四五年九月三十一日以前，根据租借法案，曾借予盟国物资，价值达460亿美元。数目之大可见。总之，现代战争与经济的关系，比古代更为密切，而其必须依赖外国，尤为古代所未见。即以物资丰富的美国，在二次世界大战中，亦依赖于"反租借"——由各盟国租与美国的物资，亦达62亿5000万美元（根据杜鲁门总统的宣布）。所以时代进化了，我们研究《孙子兵法》也要知有所阐扬才可。

其用战也胜，久则钝兵挫锐，攻城则力屈，久暴师则国用不足。

战争以速胜而结束得愈快为愈佳，倘若迁延时日，则兵器钝敝，官兵的锐气受挫，渐次丧失战斗力，特别是攻城战，多耗时日，易演成兵力屈竭，死伤消耗过多。同时，暴师于战场的时间既久，必使国家的财政经济枯竭。

攻城战，以能避之为最上策，因为，一来牺牲太大，二来不能迅速解决。

古罗马时代，迦太基的猛将汉尼拔，带着十万雄兵，越过阿尔卑斯山，以破竹之势，粉碎敌军，于杀近敌国首都的所在地——罗马时，知道它是坚固的大要塞，攻之不利，乃出以别种巧妙的作战。要塞攻击顺利与否，影响战争的胜败甚巨。第一次世界大战时，德皇太子亲带了十五师兵（后增至六十师）攻击法国凡尔登要塞，结果浪费无数弹药，死伤50万人（法军为20万人），依然攻击不破。

德国每败于攻城

但是,德军因为受了这次攻城大创,在战争遂行上,发生一大漏洞,且引起国内的骚动,后为协约军所屈服,于此不能不谓为一因。至于此次德国之败于苏俄,亦可谓由于"攻城力屈"。攻莫斯科不下,攻列宁格勒亦不下,尤以攻斯大林格勒不下,更使战力消耗无算,遂为俄军乘此"力屈",实行反攻,被打得一败涂地。德国军人今后如读及是书,当必后悔莫及,要奉《孙子兵法》为圭臬了。

军队久战,则经济必告破产。

第一次世界大战,打到第三年,德国战线上的士兵要穿纸制的鞋子了,国内采用票券制度供给食物,也逐渐陷于不足了,刚发育的儿童得不到充分的食料,自然,母乳亦不足,其结果表现于后来德国青年的身上了(体弱)。战后德人曾慨叹道:"不到三十年,就不像从前的德国人了。"

久战的艰危

那时,德国各小学生搜集了纸屑、空罐、瓶塞、皮屑、玻璃片等物贡献于政府以变造军需品,人民则把贵金属大量地奉纳于政府以充军费,甚至有人募集女人的头发,用作制造火药的原料,结果,德国,仍因物质的不足而崩溃。

过去我国抗战,达八年之久,其间所发生的"国用不足",实在严重,弄得士兵食不饱,穿不暖,远行无车,伤病无药。至于兵器,亦很落后。

夫钝兵挫锐，屈力殚货，则诸侯乘其弊而起。

这样绵亘长期的战争，在外则兵器钝敝，官兵的锐气受挫，战斗力屈竭；在内则财源枯竭，军费无着。内外均陷于疲弊之境，于是大难到来了，观望形势的中立国，乘我的疲弊而起，企图收获渔人之利，或袭击我，或干涉我，或压迫我签订不平等条约。

久战则国内革命起

久战是很不利的，尤其在现代资本主义的国家，革命易起于国内。例如第一次世界大战中，俄国于一九一七年产生社会主义革命，德国于一九一八年爆发民主革命，鲁登道夫在其所著《总体战》一书中，曾说："总之，世界大战之中，不以战斗定战争之胜败，而以革命定战争之胜败，革命既起（指德国），胜负随之而分矣。"

苏联与日本

一九四五年苏联在远东以中立国的地位，突然对日宣战，我们也可以解释为"诸侯乘弊而起"吧。原来日本对华之战已苦了八年，对英美之战也苦了四年，益以美国原子弹的投掷，更使其吃不消，于是苏联便"乘其弊"，遵照雅尔塔及波茨坦协定，进兵满洲之野，迫使日本从速作无条件投降。虽说日本早知苏联将"乘其弊而起"，故对苏联极尽拉拢亲善的能事，定有种种协约以维系关系，但因其罪恶滔天，已无可恕，且自己亦已危，故终难逃此厄运。

虽有智者，不能善其后矣。

到了这时，虽有绝顶聪明的元首与主将，都无从化解这种危机！

今日以前的历史不能避免战争，今日以后的历史（世界未大同前）大概也不能避免吧？列国之力的尖锐，均向着战争而跃动，战争随时有爆发的可能。然而开战易，收获战胜的成果难。老子说："民之从事，常于几成而败之。慎终如始，则无败事。"不求善后的放弃责任之争是第一次世界大战；媾和条约签订了不过二十年，第二次世界大战又爆发了；现在第二次世界大战虽已结束，而第三次大战又似在酝酿了。正如孟子说："始条理者，智之事也；终条理者，圣之事也。"

故兵闻拙速，未睹巧之久也。

基于上述的理由，战争（以及战斗）以大巧而做迅速的处理，迅速结束为最佳。反之，仅弄小巧，延长战争时间，我未见过得到善果的！

拙巧真义

【拙速】拙字，见解不一，据编者的研究，此非真拙——无谋无策，乃为老子所说"大巧若拙"意。按王弼注："大巧因自然以成器，不造为异端，故若拙也。"或"大智若愚"意。真拙是不成的，孙子不是把"智"列为将帅所应具的五大要素的第一位吗？足证此"拙"为"大巧"或"大智"。而"巧之久"的"巧"，乃为小巧。大巧与小巧不同，所谓小巧者，不顾将来，不管整个局势，仅是立异为高，醉心目前的利益，大巧反是。一八六六年普奥之役，普军大胜，若依毛奇的主张，乘势追击，可以击灭奥军，而陷其首都；但俾斯麦从政略上着眼，则制止追击，意在避免结成万世不解之仇，阻碍将来联合对付其大敌——法国。后来竟得结为同盟，第一次世界大战时便与英、法等协约国作战，便是一例证。

拙速论的根源

近代战争的观念是速战速决（即集中无比的武力，一举歼灭敌人，迅即结束战事，以免事久变生），这就是数千年前孙子所倡导的拙速主义。老子说："善有果而已，不敢以取强；果而勿矜，果而勿伐，果而勿骄，果而不得已，果而勿强。"这是说要果断地给敌以一大打击，不可延长战期。又说："物壮则老，是谓不道，不道早已。"战争不合乎自然之道，则早衰，所以在未衰中，非速制胜不可。这大概是拙速论的根源吧？——我想。

名将与迅速主义

古来名将的作战，莫不采取迅速主义。建设横跨欧亚大陆前古未有的大帝国者——亚历山大王即以不失时为战胜的原则。拿破仑曾简单地说过："以一日当作十时而进军作战，而后休息。"这就是孙子所谓"其疾如风"的神速战略，同时也是孙子所谓不失时的"拙速"。又，古今无双之海军名将纳尔逊说："时是我们最善的同志，其他的同志都嫌弃我们，所以我非尊重它不可，与战争有密切关系的时是万事之本，五分钟常决定胜败。"这样尊重用兵的神速。

上述名将的迅速与时的战略，换言之，是进而捕捉敌的虚隙而不踌躇地果敢断行，绝不是普通所谓无谋无策的拙速。

——大场弥平《孙子兵法》

"时"的原理

谋的巧拙，对于战争来说虽关系重大，但比谋的巧拙更重大而支配胜败结果的，是"时"的原理。在《孙子兵法》中有"拙速""巧久""迂直""先后"等字眼，要而言之，即对"时"的研究，时的关键是"机"。

从大阪到东京的火车，分有慢、快、特快的等级，是照着等级的票价付钱。而特别快票，是把时间用金钱来缩短的最高速度的代价，所以时间越短，价格越高。

到了东京，寄宿旅馆，从一天而二天，二天而三天，时间越迟，住宿价格越高，照着与电车相反的时间换算法而付钱，为付钱而把着钱袋，这时，也许怀疑错了吧？

旅馆之迟而价昂是老子，电车之速而价高是孙子，介于两者之间，不误时之迟速是孔子。文明人比野蛮人对于时间的感念强，滥用天所赋予的时间而自疲，或为了生活而疲于无意义的劳动者，这不能说是贤人。倘若把那升于最高的阶段，达于如释迦一般的境界而超越时间，就是与天地同悠久。"偶来松树下，高枕石头眠。山中无历日，寒尽不知年。"——如果到了这里，仅有枯木寒岩，没有社会气味，忘却时间，忘却历日，自然战争也不会发生了。但人到底是不能脱离社会的。故，支配人的思想和战之胜败的怪物——时间究竟是怎样的呢？所谓时间，在哲学上说，是直观事物的持续关系的先验形式，一元地把一切现象表现于所谓数量上时，常导出的一种独立变量；但相对原理否认绝对时间的存在。

时间与计划互相奏效于战争。战争动员愈速，愈有利，行军也是一样。在军舰方面，速力即战斗力，炮弹以速而强；马速牛迟，所以有骑兵，没有牛兵。兵法上对于天时、地理及其他，虽是随手利用，但其中第一强调的是时间。

——北村佳逸《孙子解说》

夫兵久而国利者，未之有也。

战争的时间延长，结局能够切实有利于国家的，过去尚无此例。总之，以速战速胜为有利于国。

但不能执此以论被压迫者对压迫者之战，因为被压迫者对压迫者作反抗之战，胜固战，败亦要战，虽不敢希望速战速胜，但能长期抗战而胜，由此得以再次独立，就算真正有利于国了。

故不尽知用兵之害者，则不能尽知用兵之利也。

所以没有完全了解用兵的害处的主将，绝不会完全了解用兵的利处。

《九变》篇说："智者之虑，必杂于利害。杂于利，而务可信也；杂于害，而患可解也。"

善用兵者，役不再籍，粮不三载。取用于国，因粮于敌，故军食可足也。

善于用兵的主将，仅一次动员必要的兵力以迅速压倒、歼灭敌人，而迅速结束战争，决不再动员，以免民劳怨生；并且粮食的输送，仅以二次为限，决不三次，免使国内空虚；弓箭甲胄等武器装备,供给补充自本国,粮食则征收自敌国。这样,军队的粮食就不会缺乏。

【役不再籍】役为兵役,籍为征集意,即不做第二次征兵,或第二次动员意,与"粮不三载"均是说良将的速战速决。【粮不三载】春秋时代,军队出征时,载粮送至国境。至凯旋时,则载粮以迎之于国境,仅此两次,没有第三次,因为到了敌国,必须"因粮于敌"。【取用于国】因各国兵器各有特点,制式相异的敌国兵器,不适于用,故须取自本国。【因粮于敌】有两点利处:一使国内的食料不致减少,二使敌国的粮食因而缺乏。

《作战纲要》

《作战纲要》说:"战地人马之给养,与兵器、弹药、燃料、器材、被服等各种补给,影响于作战甚大。其中给养、燃料、弹药尤不可缺。"这是指示给养补充的重要。又说:"为增进或保持军队之战斗力,须广泛利用敌国之工场设施,故军队对于已经占领者,应即讲求防止破坏及散失之处置,同时并迅速报告,务使尽量利用而无遗憾。"再说:"必要时得以虏获品,补充其所属部队之马匹、器材、燃料、粮秣等,但须讲求所要之(除)毒或防疫等处置。"这是说因粮(物)于敌应注意之点。

两次世界大战动员人数

日俄战争:日本人口4721万人,其中男子2400万,征集了110万人,其中43万出动于战线。俄国人口1亿4680万,其中男子7450万，征集了120万人。

第一次世界大战：英、法、意、德均征集了三分之一的人口。德国，可以说差不多举国参加战争了，男子的工作，代以妇人，电车的售票员，以至烟囱的打扫夫，也完全代以妇人。到了第二次世界大战，各国在"全民参战"的口号之下，同盟国与轴心国双方动员之男女合计9300万人，其中同盟国超过6200万人，敌方占300万人（据美国马歇尔《致美国陆军部二年报告书》统计）。在同盟国中英国的动员更为彻底，无论海陆空军及交通界，均有妇女参加工作，伦敦郊外的高射炮手和海岸瞭望哨，亦有女子服役。总之随着战争规模的扩大，人的需求是没有限度的；机械战的时代虽已到来，但不用人的战争时代还未到来。"不用人的战争"，仅是一种幻想。所谓"机械的战争"，仅是战争的一种手段，过去的两次大战，已立下铁证了。

依然，人是战争的要素，仍未改变。人的需要愈多，附带的问题亦愈大，这个问题是什么呢？一言以蔽之曰粮食。

所以出征部队必须"因粮于敌"，日军过去进攻我国所采取"以战养战"策略，即为此法。但我却采取"焦土政策"及"空舍清野"以制之。

因粮及因燃料于敌

鲁登道夫在他所著的《总体战》中说："世界大战中，海陆军燃料之供给，为政府极焦虑之事，所以侵入罗马尼亚而占据瓦拉几亚者，非但为粮食问题，同时亦为获得燃料。罗马尼亚有极多之油池，罗军退出时，先行破坏。而德军入罗后，尚能开采、取用多少煤油，可充自动车及飞机之燃料。"这是近代因粮并因燃料于敌的实事。

国之贫于师者远输，远输则百姓贫；

国家出师远征，倘若不"因粮于敌"，而把大批粮秣远距离输送于国外，这不独使国贫——财政困难，而且使民贫——既被课以重税，又疲于劳役（运粮），必致生产减少。

管子说："粟行于三百里，则国无一年之积；粟行于四百里，则国无二年之积；粟行于五百里，则众有饥色。"所赍之物，耗于道路，农夫耕牛，俱失南亩，则百姓贫矣。足见远输的不利。

近于师者贵卖，贵卖则百姓财竭，财竭则急于丘役。

及至军队进入敌国，倘若不"因粮于敌"，则所经过的地方，尤其驻军的附近，当地人为求暴利，乃提高物价，并以需给失了平衡，物价又行暴涨，但军用的必需品是不能不买的，因此军费陷于不敷，即须向本国请求拨给补充，政府为应此要求，遂增税又增税，演成"百姓财竭"的局面。百姓财竭后，于是迫不得已，复按丘甸的役制，着手于粮食牛马等实物的征发。

【丘役】为丘甸的役制。据《周礼》：九夫为井；四井为邑；四邑为丘，丘出马一匹，牛三头；四丘为甸，甸出长毂一乘，马四匹，牛十二头。

战争与物价

战争一起，国内物价必因之腾贵，古今同然。在过去抗战中，

《孙子兵法》详解　　59

我国因受日军的封锁破坏，益以天灾的流行，商人的囤积居奇及通货的无限制发行，弄得物价日涨一日，于最后一年平均竟涨至三千倍，真是历史所未见，世界各国所未闻。

力屈、财殚，中原内虚于家。百姓之费，十去其七；

这样，国内（中原）的人民为运粮至力屈，为课税而至财殚，家家财力空虚，到这时，人民的所得已被征收了十分之七了。

战时的工役及财政问题，均要从人民的身上来求解决，即人民"出钱出力"及"出物"，在过去抗战的过程中，我们对于孙子这个描写，真有不胜今昔之感！

公家之费，破车罢马，甲胄矢弩，戟楯蔽橹，丘牛大车，十去其六。

就政府的消耗来看，由于战争的延长，这时，战车的破坏，军马的残废，以及甲胄、矢弩、戟楯、蔽橹、大牛、辎重大车等物的损废，已达十分之六了。

【楯】楯与盾通。【蔽橹】橹为大盾，蔽为障意，即为抵御敌人矢石的大盾。【丘牛大车】丘为形容词，丘牛即大牛。大车为重车，轻速车曳以马，重迟车牵以牛。中国的马小，非始于今，观殷墟的出土古物，便可了然。由于小而力弱，这是可以想象得到的。周穆王的八骏，即是例证。

武器与重工业

古代的武器和近代的不同，近代的武器以重工业为基础，重工业是军需工业、国防工业。所以假设孙子生在近代，他在这里必力说重工业的重要性了。所谓重工业，即是钢铁、石炭、石油、机器、造船、电汽等工业，举凡国防用具，如车辆、飞机、兵舰、大炮、枪弹等均为重工业的产品。故先发展重工业，始有资格参与近代的战争。记得日本军事评论家平田晋策所著《一九三六年》一书评我国说："中国虽拥有两百万的大军队，但没有一个强有力的军需工业根据地，徒有庞大的陆军，于近代战争上难有独立作战的能力。"

大炮与机关枪数量

近代战，因其规模的庞大，便需要大量的兵器。第一次世界大战中，所谓"近代战的恶魔"机关枪，与"战场的支配者"大炮，于初期与末期的比较如下：

德军：机关枪：从12000挺至104000挺

　　　大炮：从7500门至25000门

法军：机关枪：从5000挺增至20万挺

　　　大炮：从4800门增至17500门

——机关枪为重轻的合算，大炮为重炮、轻炮合算。

坦克数量

又，为运输而活跃于第一次世界大战战场上的汽车总数，协约军有26万7000辆，俄军有15000辆，德、奥军有80000辆。出现于大战末期，号称"活城"的坦克车，英、法、美军有33000辆，德军有1000辆以上。

飞机数量

更至所谓"铁鸟"的飞机，第一次世界大战期间的补给数目：德军47637架，法军67982架，英军约5000架，美军11227架，合计13万1846架。

至于第二次世界大战中——一九四三年至一九四四年间五大参战国的飞机生产数量：美国23万架，苏联12万架，德国8万架，英国79000架，日本53000架，合计562000架，约为第一次世界大战四倍强，这真是孙子所说"驰车千驷，革车千乘"的大发扬。

武器的消耗

且，近代战亦是兵器的大消耗者，例如普法战争，普军消耗了炮弹50万发。日俄战争期间，日军所发射的炮弹达百万发。第一次世界大战，马恩河战役的一周间，法军发射了百万发。凡尔登的攻防战，二周间为400万发。索姆河的会战，一日竟射至百万发（以上均指炮弹。至于第二次世界大战，飞机的投弹殆已取大炮而代之，而英美空军对德日投弹数量之大，更为惊人，见《用间》篇）。又，坦克车为英国于第一次世界大战末期所发明的，据一九一八年的调查，约有3300辆，其中45%已无法继续使用。飞机的寿命，平均只有两三个月，至于其他步枪、机关枪、兵舰等的消耗，也是大量的，不问可知。总而言之，这是孙子所谓"十去其六"的大证明。

新式武器的出现

近代战是需要最新锐的兵器的,所以自第一次世界大战后,世界列强莫不争相改良兵器,发明新兵器,其已出现于第二次世界大战,而为世人所周知的,有俯冲轰炸机,有磁性水雷,有火箭炮,有喷火坦克,有火焰喷射器,有巡航导弹,有雷达,有超级空中堡垒,有原子弹等,这都是科学的产品,所以现在世界各国莫不以全力从事于科学的研究与发明,相信将来还有新武器的出现。

恩格斯说:"依赖于经济的前提条件,没有甚于陆海军。兵器、编成、组织、战术及战略——特别依赖于其当时的生产程度与交通机关。"富勒将军说:"胜利的秘密,百分之九十九在兵器。"真有见地!

故智将务食于敌,食敌一钟,当吾二十钟;苣秆一石,当吾二十石。

粮食远输,对于本国的不利,已如上述。所以智将务要尽量夺取敌国的粮秣以给养本国人马。因为吃彼一钟兵粮,足以当我们运输的二十钟;用彼一石马秣,足以当我们远输的二十石。诚以"千里馈粮",远输的费用,以及路上的损耗,是非常大的。

【一钟】为六斛四斗。【一石】为一百二十斤。【苣秆】苣为豆秸,秆为禾稿,均为牛马饲料。

古今的给养问题

在交通未机械化的古代，运输，既因道路的恶劣，复以所用的运具为牛车、马车、人力挑担，加以气候的影响，平均每日走路有限。这样，若作远距离的输送，则所带的粮秣岂不是于途中已用去大部分吗？再加上途中意外的损失，则所运到目的地的，岂不是所谓"所遗无几"吗？这便是孙子所以极力主张"食敌"。在孙子之后，《史记·平津侯主父列传》有这样记载："秦征匈奴，率三十钟，而致一石。"《史记·平准书》："当是时（汉武建元中），汉通西南夷道，作者数万人，千里负担馈粮，率十余钟，致一石。"虽然，因粮于敌，战务食于敌，固属必要；但以近代国际战争，往往动员至数百万以上，远征敌国，据军事专家的观察，以这样庞大的军队，乃欲专靠敌地的给养，实在戛戛乎其难，根本仍在乎本国的供应。至于运输，在机械化交通的现代，大可省了古代那种弊病，不过却有敌机敌艇或敌军游击队截击破坏的危险。

故杀敌者，怒也；取敌之利者，货也。

所以，要使我的士卒争先地去歼灭敌人，须先激起他们的怒气——敌忾心；要使我的士卒勇敢地去夺取敌人的利益（如军需品、城市等），在于秉公分赏他们的功劳。

【怒】可解为敌忾心，即煽动士卒对敌的愤怒心——此为现代军队中的政治工作，或精神讲话。【货】为赏赐意。

上海之战

过去上海之战，我军英勇杀敌，即是愤怒日本帝国主义的结果。总之此为攻击精神问题，福煦元帅说："必胜之意志，乃胜利之第一条件，兵卒应以此为第一要义，同时指挥官亦必须以最高之决心，贯注于每一个兵士之精神中。"

故车战，得车十乘已上，赏其先得者，而更其旌旗，车杂而乘之，卒善而养之，是谓胜敌而益强。

例如车战，如果我的士卒俘获敌人的战车十架以上，则以厚利（或升级）奖赏其陷阵先得者的功劳，以资劝励余众；同时又将其所俘获的战车，拔去敌人的旌旗，插上我的旗号，而杂配于我的战车中，每车除降卒外，又杂入我的士卒而乘之，以防叛乱；降卒善待他，使他为我所用。这就是战胜敌人后，使我兵力更强大。

车战民族

【车战】中华民族是一个长于车战的民族，有着数千年车战的悠久历史，所以我们今日在这个军队机械化的大潮流中建军，应加强我们对于车战的自信心，发扬过去车战的精神，致力于建立现代化的战车部队才可。

俘虏处理问题

【卒善而养之】这是收编俘虏的问题。收编俘虏为我国内战常有的事，即在日本战国时代也是如此。但收编俘虏，在近代国际战争中则未见。诚以种族心理等的互异，势必发生叛乱，贻祸无穷。例如日俄之战，日军虽将所俘获大炮，编为战利重炮队或战利炮连（即"车杂而乘之"一套），但俘虏一概不用——或残杀或战终放还。但残杀俘虏或敌国非战斗人员，为国际法所不许，更为人道所不容。然而过去中日之战，日军不独残杀我战俘，且残杀我非战斗人员，其野蛮可见。又，二次世界大战中，各国多用俘虏从事劳役（如修路、耕种、制造等事），尚无编组为军队使其独立作战的事。

故兵贵胜，不贵久。故知兵之将，生民之司命，国家安危之主也。

依于上述，战争以迅速得胜为最佳，倘若拖延长久，那是最忌的。所以深知用兵之法的贤良主将，简直可以说是握着人民生命，关乎国家安危的良人。

【司命】是星名。一种司人之命运的星神。

主将应具的慎心

主将的责任是这样的重且大，所以吴子曾指出他要具有这五项慎心，原文是"故将之所慎者五：一曰理，二曰备，三曰果，四曰戒，五曰约。理者，治众如治寡；备者，出门如见敌；果者，临敌不怀生；戒者，虽克如始战；约者，法令省而不烦。受命而不辞，敌破而后言返，将之礼也。故师出之日，有死之荣，无生之辱"。

名将所关的重大

名震古今的政治军事天才家诸葛亮，破出茅庐后，辅佐刘备、后主，建国蜀土，促成三足鼎立的局面，但"五丈原头，大星先殒"，诸葛亮逝世不久，蜀也就灭亡了。

马其顿之兵，统率于亚历山大王，常破十数倍的大敌，征服广大无边的土地。

迦太基军，统率于汉尼拔，远征罗马，虽与隔海的故国断绝联络，尤能孤军奋斗十余年，席卷罗马全土。不久，汉尼拔死，迦太基便如落日一般不再隆盛。

腓特烈大帝征战数年，精锐的军队虽损失了大半，犹能逐个击败欧洲诸国的军队，确立普鲁士帝国之基。

一七五七年十一月罗斯巴赫之战，为腓特烈大帝所击败的法兰西兵众，以拿破仑的出现而指挥之，于是昨日之羔羊，忽变为猛虎，蹂躏了欧洲全土。

震骇世界，如百雷同落般的蒙古军，自成吉思汗与其孙拔都殁后，便可怜地被驱逐了。

良将与军的强弱关乎国之安危，已如前述，在现代，因为国家的机构，国策的根本，与前不同，若以全盘"律古证今"，当是不对。但一八六六年普奥战争，一八七〇年普法战争，以毛奇将军一人的连战连胜，而建立德意志帝国。

第一次世界大战，霞飞、福煦将军等的努力，终救了沉于死渊的法兰西。

同时，在德军方面，倘若当初就起用名将兴登堡与其参谋长鲁登道夫在大本营中指挥，或者不至于失败，也未可知。

第二次世界大战，美有艾森豪威尔，英有蒙哥马利，苏有朱可夫诸将，终把希特勒打垮，博得大捷。

谋攻第三

本篇以提倡"不战而屈人之兵"的全存主义为用兵的最高原则,即是说运用外交解决争端,胜于武力的攻取。此外,力言统帅权的独立与知己知彼的重要性。

孙子曰:凡用兵之法,全国为上,破国次之;全军为上,破军次之;全旅为上,破旅次之;全卒为上,破卒次之;全伍为上,破伍次之。

用兵的法则,对敌人以谋攻,运用外交、经济等和平手段,不经血战(一可免我兵力的损失,二可免我财政的破产,三可免我人民的贫劳),而令敌屈服于我,达到我的目的,这是上等战略;反之,不得已而血战,击破其国,令他方为我所屈服,这是下等战略。推至与敌军、旅、卒、伍作战,都以不经血战,而令敌屈服于我为上等战略;将其击破而令他方屈服于我,为下等战略。

【军、旅、卒、伍】依《司马法》:一万二千五百人为军,五百人为旅，百人为卒，五人为伍。但在这里，则不限于人数，自"军"以下，均是同样意思的反复，在文法上，为一种叠句法，用以加强语气。

不可好战

老子说："和大怨，必有余怨，安可以为善。"两国经过大战之后，而遗下大怨恨的是春秋时代的吴越，在现代则为德法的关系。打败敌人，而遗下复仇之种，不是胜者之利。《中庸》载："衽金革，死而不厌，北方之强也，而强者居之。"仅强大的不是军人，更不是兵法家。

专用兵取，不用谋攻，往往自蹈灭亡。吴子说："天下战国，五胜者祸，四胜者弊，三胜者霸，二胜者王，一胜者帝。是以数胜得天下者稀，以亡者众。"

自从上古乱世以至于今，主要的是同胞相杀的国内战，但也有刃不见血而占领敌国土地，屈其人民的事。这种情况，便是孙子所谓"全国为上，破国次之；全军为上，破军次之"。敌国全存的占领，敌军全存的屈服为善中之善；实际诉于干戈，弄得血流成河者为下策，"至仁之言"，谁不首肯？

全破主义

但实证了近代战本质的第一次世界大战（第二次世界大战亦然），恰与孙子所说的完全相反，不独企图歼灭敌军，并且空袭无防御的都市，杀戮非战斗人员的老幼男女；或行无限制的潜艇攻击，而使非战斗人员的商船乘客葬于鱼腹中；或陷敌国人民于饥饿中，令敌肉体衰弱而消灭其抵抗意志。总之，不管你愿意与否，都使用着强迫屈服的手段。

总而言之，这是欲根本倾覆整个敌国敌军的全破主义。

固然，这种战法并非始于近世，在十三世纪的初叶，征服欧亚全土的成吉思汗，为其最著者，所以他便能于短期中，征服广大的土地，屈服几十种民族。日本文永、弘安之役中，蒙军进攻壹岐、对马、九州北岸，所加于居民的暴虐，真是言语所不能形容。总之，这种现象在过去异民族间的战争上是往往不能避免的。

孙子与克劳塞维茨

从正面而论全破主义的，有克劳塞维茨将军，他关于歼灭主义说："有恻隐之情者也许这样相信吧？对于敌人不加以多大损害，而解除其武装，或不讲求击破的方法，而认为是战争术策的正当倾向。这种说法，在外观上虽是美丽，实际则成为谬见，我们非把这种谬见打破不可。"这无异驳斥孙子言论的错误。关于暴力之无界限行使，克劳塞维茨说："战争是暴力行为，其行使没有什么界限。所以某方行使暴力，他方就不得不酬答以抵抗的暴力，这样所生的互相作用，在概念上，是没有极限的。"总之，敌国的人民，不问老幼男女，都一样是敌军的战力。故战争的本质，可以说是消灭敌人之肉体的抵抗与心力的抵抗。

虽然，倘若不经流血与破国，而有能屈服敌人的方法，则他（克劳塞维茨）也是不会反对的。因为，孙子是从大的政略上论理想的兵法，克劳塞维茨是依交战手段，以屈服敌人的实际行为作轴心。孙子亦于第十二篇谈残虐的火攻，第七篇说"侵掠如火"，第十一篇说"千里杀将"的猛烈的歼灭作战。故亘于巨细的检讨，他们的思想，实没有多大出入。

——大场弥平《孙子兵法》

是故百战百胜，非善之善者也；不战而屈人之兵，善之善者也。

所以，纵是百战百胜，不能称为至善的；不战而屈服敌人，才是善中最善的（即用谋攻）。

战则必有损害，损害的大小是比较的计算，没有绝无损害的交战。而战胜的害，不及不战而胜的利。

好战必亡

"百战百胜"是多么不善！秦将白起战胜攻取敌国，拔城七十余，破赵坑杀四十万人，但秦的士卒也损失了过半。拿破仑算是百战百胜的了，结果一败涂地，惨死孤岛。德军在第一次世界大战中，屡次击破对手于国境之外，结果仍不免于败。迄第二次世界大战，闪击欧陆各国无不成功，且攻入莫斯科近郊，斯大林格勒市内，结果亦不免于败。日本呢？最初在中国战场每战必胜，在太平洋战场也是每战必胜，结果仍是重蹈德国的覆辙。这也可以说是侵略者自食其果。

不战而胜的一例

"不战而屈人之兵"是多么可贵！在历史上已有不少战例，近代美军占领日本本土，亦不失为一例证。原来美国已经准备了数百万大军，实行敌前登陆，杀到东京；日本亦准备"本土决战"，作"玉碎"的奋斗，但以原子弹的投掷，及俄军向东北的出动，裕仁自知势弱力屈，只得乞和，完全遵照波茨坦宣言，使美军不须再来一次重大的损失和牺牲，便安然进兵东京，占领整个日本。

故上兵伐谋，其次伐交，其次伐兵，其下攻城。

依于上述，用兵的最上战略，是以强大的军备为背景，把敌国的企图或计谋，于未成熟前挫折、粉碎，使不能实现，唯我的意志是从；次等的，或离间或收买敌国的亲交国、同盟国，使陷于孤立，而为我所屈服（在春秋时，因为列强的对峙，孙子很注意战局外的邻国之向背）；再次等的，直接与敌军交战，击破他，方达到我的目的；最下等的，围攻敌人的城砦，付出了重大牺牲后，才取得胜利。

【上兵伐谋】老子说："其安易持，其未兆易谋，其脆易泮，其微易散。为之于未有，治之于未乱。"春秋时代，如郑国弦高以牛犒秦师，而使孟明还师，中止袭郑，可为例证。【其次伐交】如秦之运用"远交近攻"策略，以灭六国，算是一例。【其下攻城】城字，在我国文字上，具有城市的意义，因有防御的设备，亦具有要塞的意义，与德文的 Burg（堡），法文的 Bourg，俄文的 Grad 意义相同。

要塞战

说到要塞战,自古以来,不知苦恼了多少作战家。对于傲然蟠居于军前的要塞,或应正攻,或应包围,或应监视?——这固然依于什么时期,怎样场所而决定。但攻击部队,在作战上老是成为重大的疑问。滥用大兵力从正面攻击大要塞,是拙策中的拙策。于此,海军若用舰队从海的正面试行炮击等,那也是无益的冒险。理想的攻击要塞的方式,在使其孤立或迂回其侧背。

因时制宜

最后,我可以作出一个结论:孙子在这里所说的"伐谋""伐交""伐兵"及"攻城"四策,固有上下策之分,上策为人所喜,下策为人所恶。但在战争中因情况的千变万化,自不限于一策的单独使用,有时须并用二策,或三策,以至四策,才能争取最后胜利。

攻城之法,为不得已。修橹轒辒,具器械,三月而后成;距堙,又三月而后已。将不胜其忿而蚁附之,杀士三分之一,而城不拔者,此攻之灾也。

攻城是到了万不得已时所采取的方法,亦为最艰巨的作业,既要三个月修具防御矢石的大楯(橹),攻城用的战车(轒辒),以及种种攻城器械;又要三个月建筑用以射击,或用以掩护,或用以侦察的土垒(距堙),合计需六个月的长期准备,方能正式攻城。这样,为将者(攻城司令官)觉得太慢,不胜焦躁(失了忍耐自制之心,不待攻城准备的完成),急于建功,便连下总攻击的命令,士卒像蚁群一般地攻到城下，攀登城壁，以至丧失了三分之一兵力，而城还攻不下，这是攻城最倒霉的惨事！

【轒辒】攻城用的四轮战车，用巨木造成，脊以绳为之，上盖以生牛皮或犀皮，中可容十人，推到城壁下，施行破坏工作，为金、火、木、石所不能毁，类似今日的坦克车。【器械】本是一般兵器之谓，在这里是指攻城的工具，如飞楼、云梯、浮格衡、飞石、连弩等。【距闉】距与拒通，闉有书为堙。【三月】是概数，指要多费时日。

攻城之法，在我国往昔尚有水攻与火攻（指用火药炸毁城垣），降及近代所用的武器，有飞机、大炮、坦克车等。在这种立体进攻之下，如果对方缺乏这种武器，则城之被攻破，指顾间耳，哪里需要"三月"又"三月"的长久时间？

故善用兵者，屈人之兵而非战也，拔人之城而非攻也，毁人之国而非久也，必以全争于天下，故兵不顿而利可全，此谋攻之法也。

所以良将用不着交战，也可以屈服敌兵；用不着围攻，也可以拔取敌城；用不着久战，也可以迅速地覆灭敌国。把握着不受丝毫损失的全存之计，而争胜负于天下，这样，则兵器兵力不致钝挫损失，安然收获完全的胜利，这是叫作谋攻的法则。

孙子与老子、孔子、孟子

这一节，是兵法的哲学，也是孙子的蕴奥与精华，它渊源于老子，而与孔孟的学说相提携。

过去在国际会议上，照着强国的主张，对军舰加以限制，使彼我的对比不均等，不能反抗而受其束缚，这是"屈人之兵而非战"。又如在军缩条约上禁止建筑要塞，或用思想宣传促成敌国内部的崩坏，这是"拔人之城而非攻"。又如丰臣秀吉不战，而使伊达政宗臣服，这是鉴于"毁人之国而非久"。但这仅是表象相似，还没有触及孙子的原意。哲理之根，会生应用之枝，应用之枝，不会生哲理之根。最接近的引例是武王灭殷的史实，然做这种证明，孙子的哲学就要消失了。老子主张"战则果而已"[①]，意即说，如交战的话，则果断地给予一击而解决。这与儒教的观点稍异，孟子对梁惠王说："地方百里而可以王。王如施仁政于民，省刑罚，薄税敛，深耕易耨，壮者以暇日修其孝悌忠信，入以事其父兄，出以事其长上，可以制梃以挞秦楚之坚甲利兵矣。"孔子抑制子路的狶勇而说强："南方之强与，北方之强与，抑而强与？宽柔以教，不报无道，南方之强也，君子居之。衽金革，死而不厌，北方之强也，而强者居之。"老、孟、孔的思想是顺次的稳健，孙子则联络了这三者。

——北村佳逸《孙子解说》

以上为北村佳逸的解说。在这里，我且添上一些关于"屈人之兵而非战也"的例子。美国现在真可以说是这个原则的奉行者，它为维持世界的和平，又为避免生命财产的牺牲，所以对于假想

[①] 老子《道德经》原文作"善有果而已"，此处疑为作者笔误。

敌也不轻易一战。然既不愿一战，又要使其听命就范，那真不容易。然美国掌握着联合国安全理事会，又拥有具有绝对优势的原子弹（最近对原子弹的宣传，极为夸大，意在先声夺人也）。现他正运用着这两种工具，也许可以保持相当长久时间内"屈人之兵而非战也"。

故用兵之法，十则围之，五则攻之，倍则分之，

这是到了不能不相见于战场的地步了。就这时用兵的法则说：若我有十倍于敌的兵力，则宜四面包围攻击之，以收一网打尽之效；若我有五倍于敌的兵力，则宜集中攻击之，一鼓作气，歼灭敌人；若有两倍于敌的兵力，则宜分为两部攻之，一部从正面，其他从背面或侧面进攻。

【用兵之法】即兵法意，狭义指战略战术的原则。

坎尼战法

此节可用古代"坎尼战法"解释之，这个战法创始于迦太基名将汉尼拔。汉尼拔于公元前二一六年在坎尼与罗马军会战，置重点于两翼，形成典型的两翼包围歼灭战，以后名将如腓特烈大帝、拿破仑、毛奇等莫不师承之，德国前参谋总长施里芬尤崇拜这项战法，著有《坎尼》一书，由是坎尼战法更为知名。

奥林匹克行动与小王冠行动

又可用美军过去对日作战拟采取的"奥林匹克行动"及"小王冠行动"解释之。前者为美军拟于一九四五年秋向九州南部进

击的行动,后者为美军拟于一九四六年春初向东京平原进击的行动。详见美将马歇尔近著《致美国陆军部二年报告书》。

敌则能战之,少则能守之,不若则能避之。

前节所说,是关于优势兵力的使用。这里,是就诸对等与劣势兵力而言:倘若我的兵力与敌相匹敌,则宜竭尽全力和他死战,因为相匹敌,则胜败难断,若能尽力而战,亦可得胜;倘若我兵力比敌少,则宜据险阻或城砦而取防御态势;倘若我的兵力比不上敌,则可巧为退却,避与交锋。言外即说:俟有援军,即转为攻势。

此节各"能"字,须留意!【少则能守之】守字,有些版本作"逃"字。至于"敌则能战之"及"不若则能避之"两个原则可作为现代游击战术的基本原则。

孟子说:"小固不可以敌大,寡固不可以敌众,弱固不可以敌强。"

故小敌之坚,大敌之擒也。

所以力弱的小敌,倘若不自量力,徒作顽强的坚守坚战,那简直是力强的大敌所多谢的俎上肉。

上述十、五、倍、少、不若、小、大等字,虽是就军队之量来计算,当然亦包含着质的方面,如武器的钝锐,训练的精劣,兵质的好坏,粮食器材的足否等——陆战力的强弱以此测定。就海军说,固以吨数为基本,但速力、备炮(口径)、根据地的远近、舰载飞机的性能等,也必须计算在内。

兵数的重要性

拿破仑说："以仅有敌六成的兵力而战，等于赌博。"

鲁登道夫说："第一次世界大战明白昭告于吾人者，即敌人在数目方面之优劣，实胜败之所决，故数目为战事之要键，不可不注意者也。战事中，置数目之重要于不顾，而妄冀以少制多，实为大误。法兰西在第一次世界大战以前，确知所以为全体性战争之后盾者，唯在于倾尽一国之全力。"

夫将者，国之辅也。辅周则国必强，辅隙则国必弱。

这是说关于政府内部的问题。主将为国家元首的辅佐，好像车之支柱一样，这支柱般的主将，倘若具备了智、信、仁、勇、严的五德（周），元首亦信任之，国家必可日臻强盛；反之，主将的五德不全（隙），有了缺点，元首亦妄加掣肘，国家必日益衰弱。

【国】是国君（元首），是国家，也是政府。这三者，在古代往往是三位一体的。如春秋时代的君主，以私人经济拨给国家财政，又以绝对权而取自国民，所以政府、国家包含于国君之力中。国君固依自己的意志而行政、立法，而且特别掌握着宣战、媾和的大权，所以国即君。【辅】车的支柱，即两旁的夹车木，转用为辅佐意。

故君之所以患于军者三：不知军之不可以进，而谓之进，不知军之不可以退，而谓之退，是谓縻军；

这里有一问题应注意，即元首足以为患于军事的有三大项。其一，妄滥干涉军事，不应前进时而命令前进，不应退却而命令退却，这叫作縻军。

【三军】古代军制，天子之兵，定为六军，诸侯之兵，定为三军，三军为三万七千五百人。【縻军】縻为绊意，縻军指如有绊之马的军队，意谓束缚军队的行动。岳武穆班师之事，可为例证。

不知三军之事，而同三军之政，则军士惑矣；不知三军之权，而同三军之任，则军士疑矣。

其二，没有军事的知识经验乃掌握和总司令一样的职权，妄行处理军政，弄得军中行政混乱，朝令夕改，于是将士茫然莫知适从了。其三，不懂军事上的权变，缺乏战略战术的知识经验，也负起和总司令一样的职责，妄行指挥，弄得笑话百出，于是，将士互相疑惧了。

上述三项，实没有区别的必要，可以说均是戒备不懂军事者干预军事。古人说："国容不入军，军容不入国。"又说："国不可以从外治，军不可以从中御。"亦即此意。

三军既惑且疑，则诸侯之难至矣，是谓乱军引胜。

将卒对军中一切既生疑惑，于是斗志沮丧，内讧发生，必招来敌国诸侯（当前之敌，或第三国）乘虚而压迫我、攻击我。唉，这真是搅乱自己的军队，以导致敌国取胜于我的愚蠢举动。

元首对于前线的指挥官，不加干预，应任其进退自由。不然，就会发生"乱军引胜"的祸害。

指挥权要独立

统帅权独立呼声出现的原因，就在此。如果君主或政府干涉军事，则适合战况的行动，当付之阙如。

英国的国王仅有陆海军大元帅的虚名，没有任何统帅的实权，过去日本、意大利也是一样。

第一次世界大战的时候，英国阁员常常议论战争实行上问题的是非，因之，每误了各事之机宜的处置。后来政府发觉了，立刻从战线上召回鲁伯逊将军，任以参谋总长，负起一切责任。

克里孟梭的果断

其在法国，对每一将帅虽没有交予兵事之权的惯例，但鉴于前线状况的日非，克里孟梭总理方委托贝当将军（坚守凡尔登的勇将）为全法军的统帅，于是出征军的指挥权，方从此完全独立。

克里孟梭总理断然的处置，虽救了法国，但于此以前，前线的指挥权，可以说握于法国政府之手。当时视察前线的国会议员，吃惊于激战的惨状，乃要求陆军部长立刻下中止作战的命令，但亦不足为怪，因为他们不懂军事，不知战况的推移，仅见局部的惨状，遂于悲观之余，出此下策。

贝特曼的误国

其在德国也有这种情况：立法院每派员到前线干涉，弄得战事不易进行，鲁登道夫在其所著《总体战》一书中说过："内阁总理贝特曼阻止无限制的潜艇战争，使德国有精良的武器而不能使用，谓为误国有何不可。"

罗斯福的伟大

到了第二次世界大战，各国政府鉴于第一次世界大战政治与军事间发生摩擦的恶果，对军队的指挥权始能保持其独立，不加以无谓的干涉，其中首推美国总统罗斯福为代表人物。正如马歇尔将军《致美国陆军部二年报告书》上说："罗斯福总统对余之信任，及其所以应对战争危急关头之严肃的决意，余迄今仍抱持一种至深感激之情。当诺曼底登陆时，总统除看例行报告外，初未在任何时要求情报，于海王行动反攻之役，情势异常危急，总统对艾森豪威尔将军亦未尝有一语之诘问，此乃一饶有趣味之历史事实也。至其对军部管理之信任，则使陆军部之官员办事上大觉方便。"罗斯福此举，真是今后政治家的楷模！

故知胜有五：知可以战与不可以战者胜，

在未战之先，从五个原则上，便可以判知胜利之事。第一，为主将者知道自己的兵力优于敌，则可以战；敌优于己，则不可以战，那么必胜。（按此项与《始计》篇的五事七计有密切关系，且含有本篇的围、攻、分、战、守、避的意义。）

"能战与不能战，亦视乎时与地为转移，不知此而妄战必败。过去日俄之战，对阵于沙河已久，日军预计，一待春意初动，决然大举猛袭……调此方面军队增配于最左翼，准备一经完成，便乘春冰未解的机会（倘若春冰已解，则妨碍军队的行动）而攻之，果获大捷。故可以战，则大军猛袭；不可以战，则坚壁固守，此为日军在满洲战胜俄军的原因。"

识众寡之用者胜，

第二，在战略上，对于兵力的使用，没有错判某一方面宜用重兵——主力，或寡兵——一部，当可取胜。就战术说，对于攻击防御上兵力使用的重点选定没有错误，亦可取胜。（按此项，含有本篇所说十、五、倍、敌、少、不若等的用兵之法的意义。）

王翦与李信

王翦事秦始皇，拔赵取燕，这时，有叫李信者，年轻而气秀，曾以数千兵破燕太子丹。始皇奇之，问信说："吾欲取荆，于将军度用几何人而足？"信答道："不过用二十万。"至问王翦则答："非六十万人不可！"

始皇说："王将军老矣！何怯也？"于是，以李信为将，带兵二十万攻荆，不足，结果以六十万兵破之。王翦真可谓"识众寡之用"的名将了。古人说："大兵适于广的平地，小兵适于狭的山地。"又说："小兵适于夜战，小兵可以依其使用之法，而破大兵。"又说："用众宜分，用寡宜合。"这也是用大兵与小兵的法则。

上下同欲者胜，

第三，上下一心，目的一致，视敌人如私仇一样，当可取胜。

《作战纲要》说："协同一致，为达战斗的目的之要素。不论兵种，不分上下，均须'同心勠力''同仇敌忾'，始可获战斗之成果。"

以虞待不虞者胜,

第四,虞是戒备意,这项是说在战场上,我要严加戒备,以求安全。一经发觉敌人没有戒备,即猛攻之,必可取胜。至就平时说,我时时预防,改进军备,而敌则否,那么乘机攻之,亦可取胜。

吴子说:"出门如见敌。"
老子说:"祸莫大于轻敌。"

将能而君不御者胜。

第五,主将有才能,即具有智、信、仁、勇、严五才,元首不在后方遥为牵制,而听其运用自如,必可取胜。

《史记》载,孙子将斩不服军令的吴王宠姬二人时,虽有吴王"勿斩"的命令,但以"将在军,君命有所不受"为由,遂斩之。这不仅是军纪维持的问题,同时也暗示军队的指挥权如果被掣肘于内,则不能运用自如,争取胜利,所以吴王卒用他为征楚之将了。

罗、杜的不御

这次美国在欧亚两战场的胜利,固由于艾森豪威尔、麦克阿瑟、尼米兹、阿诺德诸将之"能",亦由于罗斯福、杜鲁门总统的"不御",即不干涉其指挥权,而让其自主发挥,否则,恐怕也就不会这样顺利地取得胜利了。

此五者,知胜之道也。
总之,这五项原则是一体的,不是分开的,是一套判别胜败的法则。

《孙子兵法》详解

故曰：知彼知己者，百战不殆；不知彼而知己，一胜一负；不知彼不知己，每战必殆。

知己知彼，是多么脍炙人口的名句，实为人类社会一切斗争的法则。这里仅就军事而说，明白彼我的情形，或虚实（如关于作战计划、战斗能力、天时地利等），纵是百战，都不会发生危险；其次不明敌情，仅是认识自己，那么打起仗来，或胜或败，胜败不能预断，适等于赌博之举；再其次，对敌情既不明白，甚至连自己军队如何也不清楚，打起仗来，宛如暗中摸索，哪有每战不殆？

老子说："知人者智，自知者明。胜人者有力，自胜者强。"

吉田松阴说："前半篇，伐谋、伐交、伐兵、攻城，事皆与敌关，故以知彼结之。后半篇，三负五胜，事皆在自为，故以知己结之。三句用韵，反复叹咏，结法似不甚紧，而其实极紧。"

名将的知己知彼

知己知彼，战则易胜；不知己又不知彼，战则必败，这是战史上常见的事。普奥之役，普军之所以打败奥军，是由于毛奇将军既明白"己"——普军的实力，又认识"彼"——奥军的素质、装备、战斗力等；反之，奥将昧于彼此则败。至如普法之役，毛奇认为欲统一南北德意志，建设一个强大的帝国，非把西欧的霸者法兰西打败不可，所以于胜奥后，又攻法，结果普胜法败，亦是由此。自古名将，除知己外，而对于知彼更为看重。普鲁士腓特烈大帝说："若能常常预知敌的企图，虽以劣势的军队，每回都可以立于优越地位。"拿破仑为探知敌情，用间固勿论，且于将会战时，都是先以优势的骑兵集团行进于数日路程之前，侦察敌方运动，另一面又极力掩护己军的运动，即自己既明了敌情，同时又使敌军丝毫不能窥知己军的行动。

珍珠港之败在此

一九四一年冬美国在珍珠港所吃日本的大亏，不待说，也是"不知彼"之故，即事先没有知道日本进攻珍珠港的企图，致毫无戒备，为其所欲为。正如最近美国联邦最高法院以司法官罗伯特为首领的负责审查此案之委员会宣称："珍珠港被袭之令人惊异一点，为美方之情报缺乏，而非配备缺乏，即使当时有更多之飞机与雷达配备，情形恐亦未必较佳，盖最大之错误在于对敌人之全面袭击，事先未有戒备，致不能够快速应付。我们的组织并无错误，我们对局势之估计错了。"由此可见一国不能一时一刻不知敌国的动态，同样一军也是不能一时一刻不知敌军的动态，否则只有覆军杀将，亡国灭种的结局。孙子的名言，应永远作为我们谋国者、治军者的座右铭！

军形第四

战争必须先立于不败之地,而完成之法,则为"修道保法"——实现军队之精神物质的两全主义。攻守以保持行动的秘密为最上,一经发觉敌的败形(虚隙),即集中无比的兵力,一举而歼灭之。

孙子曰:昔之善战者,先为不可胜,以待敌之可胜。不可胜在己,可胜在敌。

古时善战的主将,当要进攻敌人时,都是预先充实自己的内部(精神物质的两全),使敌不能胜我,而且确保主动地位,一待敌发生有可胜的虚隙,即乘之。敌之所以不能胜我,是由我预先充实了我的内部——这是属于向己的问题,可以自由处理。但仅是这样,还是不能胜敌的,胜敌必须乘敌的虚隙,然而虚隙的发生与否,则属于敌方的问题,不让我自由强求。

【先为不可胜】即于未战前,充实自己的内部,与后述"先立于不败之地"的意义相同。其完成之法，为后述的"修道保法"，因之"修道保法"，便是全篇的主眼，详见于后。又有人评价此篇为"现代一篇顶有价值的国防原理"，实有见地。

美国的先为不可胜

美国过去反攻日本，真可以说是"先为不可胜，以待敌之可胜"。美国于一九四一年遭受日本对珍珠港的偷袭，一时因损失过大，自知反攻无"先胜"的把握，乃暂取守势，埋头准备，直至一九四四年认为己方战斗力已加强，即已具"可胜"的条件，同时日军亦已陷于势分力弱，遂转取攻势，由瓜加林之役至冲绳之役——其间真是所向无前，每战必胜。亦即后面所说"胜兵先胜，而后求战"，哪有不胜的道理？

故善战者，能为不可胜，不能使敌之可胜。故曰：胜可知，而不可为。

所以善战的主将，能够使敌不能胜我，决不能依我的意志，造成敌的败因——虚隙——以取胜。故曰：胜敌之事，是可推知的，但不由我造成敌之虚而取胜。

乘虚制胜

良将不为敌所乘，却能乘敌之虚以取胜，这虚，是待敌自然发生而捕捉之，故解为由我造成之则不对。《作战纲要》等书所谓"立于主动地位"，即是敌不能捕捉我之虚意。在战争与战斗的过程中，彼此必会自然发生虚隙，而能否捕捉之，是名将与凡将之所由分。柔道家（柔道为日本一种格斗术）所乘的是对手之虚，绝不是勉强地造成对手之虚而乘之，而是乘其自然发生的间不容发之虚而取胜。这节虽是难解之文，但举出这个譬喻，也许可以使读者领悟孙子所说兵机的要谛吧？

范蠡说："时不至，不可强生；事不究，不可强成。"

不可胜者，守也；可胜者，攻也。守则不足，攻则有余。善守者藏于九地之下，善攻者动于九天之上，故能自保而全胜也。

这是就战场而说，倘若我尚未有胜敌的兵力，则暂行防守；反之，倘若我一有胜敌的兵力，即速行攻击。大凡我守的时候，是因胜敌的兵力尚不足，而攻击的时候，则由我胜敌的兵力已有余（兵力的有余或不足，是相对的，不是绝对的）。当胜敌的兵力不足而守时，所谓善守者，好像藏于最深的地下一样，使敌无从侦知我的虚实，以施其技，且常保主动的地位。及至胜敌的兵力已有余，这时所谓善攻者宛如飞翔于最高的天空中一样，行动秘密而机敏神速，乘虚攻之，使敌无从应对。这样的攻守，便可以保全自己的军队而取得完全的胜利。

九天九地

攻守原为用兵不定之形，用兵的最后目的为取胜，但欲取胜，结果必取决于攻击。故"不可胜者，守也"，防守不是永久的，乃是暂时的。【守则不足，攻则有余】兵力不足是弱，兵力有余是强。大场弥平解说："甲午战争之前，日本的陆海军比清劣势，因之在未获得海权的当时，便以守势为骨子，着手构筑本国内各战略要点的要塞，以资防卫国土。可是日本以前是怎样'守的不足'呢？现在各地所留存的要塞，便是最好的证明。不久，陆海军俱达于必胜的境地，乃舍守势而转取攻势，进兵于辽远的满洲之野，求决战的战场于大陆。"【九天九地】为中国古代天文地理学的名词，据扬雄《太玄经》的记载：九天——一为中天，二为羡天，三为从天，四为更天，五为睟天，六为廓天，七为减天，八为沉天，九为成天。九地——一为沙泥，二为泽地，三为沚崖，四为下田，五为中田，六为上田，七为下山，八为中山，九为上山。在这里，此喻其深与高，即形容行动诡秘，莫测高深。但是现代战争中还有其巧妙的意思，这又令人想到孙子是一个预言家了。

藏于九地之下的要塞战

第一次世界大战中，一九一六年凡尔登的要塞战，据优势的德军以猛烈的炮击，几乎尽将法军的堡垒粉碎，创造了"凡有形的，必被破坏"的新纪录。因此，以巨炮巨弹，空中爆击等破坏火器为攻击之主力的现代战，对于要塞的构筑，有愈趋藏于地下的倾向。例如法国的马奇诺防线，德国的齐格菲防线，又如俄军在东部西伯利亚的国境防线上，建筑了数千个仅露一点头角于地面的"托亦卡"分散要塞。孙子于两千多年前提及"藏于九地之下"的守城战，真是意味深长。

动于九天之上的飞机

又，在第一次世界大战时，一种新的兵器——飞机登场了。据说，英法协约军于最初的国境战中，发现德军侵入比利时，是由于"动于九天之上"的一架飞机侦察的结果。

与汉尼拔的坎尼包围战，俱称为世界二大美役的一九一四年秋坦能堡歼灭战，是飞机活跃的产物。兴登堡元帅于战后，曾这样述怀："没有飞机，便没有坦能堡。"

最近飞机愈呈跳跃式进步，不仅可舞于九天之上而俯瞰，且可搭载大量炸弹进行远距离的轰炸，成为直接攻击的强锐武器。倘若想起它加于敌国的首都及其他主要都市、战略要点的巨大威力，则可知孙子"动于九天"的战略，正是古今一贯的大原则。

——大场弥平《孙子兵法》

藏于九地之下的防空室

到了第二次世界大战，马奇诺防线及新加坡要塞的陷落，使一般人对于要塞的价值，产生了动摇，以为孤守"藏于九地之下"的要塞，是无用的，所以我们应把孙子这个原则活用到防空方面来。在第二次世界大战中，像重庆、桂林等地的大隧道、防空洞，真不知救了多少人民的生命。至于伦敦的地下避弹室，乃建筑于地底21米多的深处，更为安全，其中：地下内阁，用厚5米多的钢骨水泥来保护，且有避毒气的门户和御捕炸弹的钢网，战时首相丘吉尔及其阁员就在这里工作。地下总部，内部共有127个房间，屋顶上面有通风管、空气调节器、气管等设备，在那里工作的人员限于中级以上军事人员，所以伦敦当时不论德机怎样疯狂地轰炸，均不足以妨碍他们的安全及工作。尤其是自从原子弹出现后，使将来的防空设备愈有深藏于九地之下的必要，所以现在有人主张在将来发生原子弹战争的时候，所有军事设备和有关作战的工厂均要预先移入地下，必要时人民也要完全躲避到地下去。

动于九天之上的伞兵与空军

其次说到"善攻者，动于九天之上"，更成为第二次世界大战的制胜铁则。例如为第一次世界大战所无的降落伞部队，全以"飞将军自天而降"的姿态，乘敌方不备，降落于敌后，而收惊人的战果，像德军占领荷兰水闸，及攻破列日要塞，均为伞兵之功。至于空军，不但可以制陆，且可以制海，例如美日海军在太平洋之珊瑚、中途、塞班诸岛及菲律宾、我国台湾海面诸海战，双方的兵舰往往相距百里以上，即开始空战空袭，不待兵舰接触而胜负已分。不待说，这是由于美国空军占绝对优势，把日舰炸得片甲不留，或畏战而逃。至于原子弹轰炸日本，则是超级空中堡垒以动于九天之上的姿态演出。孙子于两千年前已预言了今日战争的形态，他真是一个空前绝后的大军事思想家！

全胜的哲理

这一节还未见过健全的解说，大概是因为不知解释之法吧？所谓"全胜"是怎样的呢？我军以千人之力，而杀敌百人，这不是全胜，何故呢？盖其中仅发生一死一伤，都不是全胜；仅损失一矢一弦，也不是自保了；有损害的仅是比较的胜利，不是自保，也不是全胜。不然，我以千人之力而遭遇万人的战斗力，那就要完全消灭了。像这样相对地考察，不是孙子的根本思想。胜者即败者，胜与败互生于同一根蒂，故孙子的所谓全胜与全败相同，色即空，空即色。老子说"善行无辙迹"，这便是战争的哲理，亦即孙子所说"形兵之极，至于无形"。这节所用"九天九地"的名词，其意形容至高至深。天地虽高深，用科学之力，却可以测定其高深。至于无形，在物理学上指无限大，纵是如何刚健者，都不能取胜于无形，且又看不见其无限大，故敌不能与之战，所以老子把它叫作"不争之德"。故谓："敌兵虽百万，我仅一人未必败。"由于哲理比数理的观念更高，在朦胧的梦境中，孙子的战争哲学露着微笑。

说起来是很复杂的，但因是孙子的要点，所以有再回头作一度解说的必要。用拳头击暖帘，强是不胜弱的。铁腕比暖帘，暖帘比空气，而克服空气的是什么？空气虽强，却有气象构成它的元素，但梦幻是无形的，所以最强，所谓"形兵之极，至于无形"，就是这样。于描写禅的秘境，有"电光影里斩春风"之句，山冈铁舟在道场中面对挂着的这七字匾额，认为其言是剑道真谛，同时也是兵法的真谛。闪然的电光，于很快消失之前，立刻拔剑而斩春风——那是狂人吧？我想：精神变态者囚于物欲，是不会尝得这种妙味的，然在那反复披诵中，自可以领略其妙吧。

关尹子说："圣人藏于天，故莫之能伤也。"尉缭子说："治兵者，若秘于地，若邃于天。"

——北村佳逸《孙子解说》

见胜不过众人之所知,非善之善者也;战胜而天下曰善,非善之善者也。故举秋毫不为多力,见日月不为明目,闻雷霆不为聪耳。

原来良将是用不着作战而屈人之兵的,故洞识胜利的机会,若超不出常人所洞识的范围(为人不知而胜取的,以谋攻为最善),不是最善的胜利,因为结果必出于交战。至与敌人力战苦斗后,方获胜利,为天下人人拍手赞美说:"劳苦功高呀!劳苦功高呀!"这也不是最善的,因为自己已蒙了无限的损失。总之,这简直好比能够举起一根轻细兽毛的人,不能叫作体力强的人;能够看见太阳与月亮的人,不能叫作视力强的人;能够闻得轰轰的雷声的人,不能叫作听力强的人。

在历史上,灿烂辉煌(杀得血流成河)的大胜,以兵法家的眼光来看,不是善中之善,而以屈服敌之作战于未萌为至善;次之,为不费摧枯拉朽之力而胜的自然之战。

老子说:"上善若水。"又说:"圣人为而不恃,功成而不处,其不欲见贤邪?"

古之所谓善战者,胜于易胜者也。故善战者之胜也,无智名,无勇功。

古时所谓善战的主将,其取胜,是胜于很容易取胜的敌人,即不待敌人的兵形已成,而机智敏捷,运用伐谋伐交等手段,不经交战,而使敌人屈服——这是一种微妙机密的动作,故为一般人所不注意,不惊讶。因此,这种胜利,就不会震动炫耀于一般人的耳目之前,被称赞为智者、勇者的了。

以《墨子》为证

墨子说：

公输盘为楚造云梯之械，成，将以攻宋。子墨子闻之，起于齐，行十日十夜而至于郢，见公输盘。公输盘曰："夫子何命焉为？"子墨子曰："北方有侮臣者，愿藉子杀之。"公输盘不说。子墨子曰："请献千金。"公输盘曰："吾义固不杀人。"子墨子起，再拜曰："请说之。吾从北方闻子为梯，将以攻宋，宋何罪之有？荆国有余于地，而不足于民，杀所不足，而争所有余，不可谓智；宋无罪而攻之，不可谓仁；知而不争，不可谓忠；争而不得，不可谓强；义不杀少而杀众，不可谓知类。"公输盘服。子墨子曰："然，胡不已乎？"公输盘曰："不可，吾既已言之王矣。"子墨子曰："胡不见我于王？"公输盘曰："诺。"子墨子见王曰："今有人于此，舍其文轩，邻有敝舆，而欲窃之；舍其锦绣，邻有短褐，而欲窃之；舍其粱肉，邻有糠糟，而欲窃之，此为何若人？"王曰："必为窃疾矣。"子墨子曰："荆之地，方五千里，宋之地，方五百里，此犹文轩之与敝舆也。荆有云梦，犀兕麋鹿满之，江汉之鱼鳖鼋鼍，为天下富，宋所为无雉兔狐狸者也，此犹粱肉之与糠糟也。荆有长松文梓，梗楠豫章，宋无长木，此犹锦绣之与短褐也。臣以三事之攻宋也，为与此同类，臣见大王之必伤义而不得。"王曰："善哉！虽然，公输盘为我为云梯，必取宋。"于是见公输盘，子墨子解带为城，以牒为械。公输盘九设攻城之机变，子墨子九距之。公输盘之攻械尽，子墨子之守圉有余。公输盘诎而曰："吾知所以距子矣！吾不言。"子墨子亦曰："吾知子之所以距我，吾不言。"楚王问其故。子墨子曰："公输子之意，不过欲杀臣。杀臣，宋莫能守，可攻也。然臣之弟子禽滑厘等三百人，已持臣守圉之器，在宋城上而待楚寇矣。虽杀臣，不能绝也。"楚王曰："善哉！吾请无攻宋矣。"子墨子归，过宋，天雨，庇其闾中，守闾者不内也。故曰："治于神者，众人不知其功；争于明者，众人知之。"

故其战胜不忒。不忒者，其所措必胜，胜已败者也。

良将对于战斗的胜利，是一定有把握的，即其所战必胜，而其所以胜，则由于捕捉了已露败形的敌人。

【不忒】为不差或一定有把握意，有本作"不惑"。【所措】为所战，或所举兵意。

故善战者，立于不败之地，而不失敌之败也。

这与前节的"自保而全胜"相应，良将的作战，先使自己立于不败之地，一旦发觉敌人露出败形，就不失时机而速攻之，使敌不能幸免于败。

老子说："善建者不拔。"（拔：超过）孔子说："暴虎冯河，死而无悔者，吾不与也。必也临事而惧，好谋而成者也。"

是故胜兵先胜而后求战，败兵先战而后求胜。

所以可胜的军队，于战前已具备战胜的条件（即前说的内部充实），然后出而捕捉敌人的虚隙以决战，故百战百胜；反之，必败的军队，事前没有具备战胜的条件，贸然出而战斗，侥幸胜利于万一，结果每战必败。

克劳塞维茨用辩证法研究战胜的结论说："胜利的最初是极微小而难感觉的；但在战争的进行中必扩大，而其结果更大。"老子说："见小曰明，守柔曰强。"又说："天之道，不争而善胜，不言而善应，不召而自来，绰然而善谋。天网恢恢，疏而不失。"

善用兵者，修道而保法，故能为胜败之政。

以上所述，要而言之，善用兵的良将，既修明道——"令民与上同意也，故可以与之死，可以与之生，而不畏危"，又保法——保持"曲制，官道，主用"的完整。所以，就能够支配胜败，即我可以乘敌之虚而取胜。

【修道保法】道与法，均为《始计》篇所说的道与法，但这里所说的道，据编者的研究，乃为将帅对部下的有道，如共同甘苦，财政公开，训练有方，纪律严明，赏罚公平等。保法，为保善军制或保持军备的充实意。这样，则军队的精神与物质俱臻于优越，先立于不败之地，然后出而求战，其攻则动于九天之上，守则藏于九地之下，那么，当然能够"为胜败之政"了。但亦有这种解释："修道"的"道"，为战略战术；"保法"的"法"，指下引的五项用兵之法。

【为胜败之政】为胜败即为胜（必胜），败字乃无意思的接尾词。好比一旦有缓急的缓,是无意义的接头词;能辨异同的同,是无意义的接尾词——在古文上,此类颇多。

板井末雄说:"修道保法为全篇的主眼,本论已尽于此,下为余论。"

兵法:一曰度,二曰量,三曰数,四曰称,五曰胜。地生度,度生量,量生数,数生称,称生胜。

在古代兵法上说:"战争之事,先从度(地理的研究),经过量、数、称,而到达胜。即凭测度地形的险易远近,而决定作战大纲为度;度决定以后,其次为依战场的广狭而研究战线的长短,兵种的配备为量;以量为基础,而决定兵员的多寡为数;由数的计算,而估定彼我战斗力的轻重(强弱)为称;依于这四种法则的研究,而得的胜算为胜。"

孙子这里所说的"度""量""数",若以今日的眼光观察,实过于物理的,大有一读难解之感。但在古代,用密集集团,而各持原始的白兵,以猛烈的冲击力,而压倒、突破敌人,乃依兵数的量与其速力的乘积以构成运动的摧毁力而求胜,因有量、数之说,并不足为怪。

孙子与西方军事家的观点相同

在拿破仑战争后,普鲁士军事著述家鲁斯托夫(著有《十九世纪的作战》等书)曾这样说过:"兵力的优势,非先从数的优越中求之不可。如果得不到绝对的优越,亦须得到相当的优越,这就是决定战争的要点,即不论在某战地,某地点,某战场,非求得到胜利的最确实而最容易之点不可。"

拿破仑关于兵力量,在其笔记中说:"军队的力量,好像机械学的运动量一般,是质量与速度的乘积。"

这是说军队的行动迅速,同时也是从物理的和量来看战斗的军队。这点,与孙子的看法同一。

故胜兵若以镒称铢,败兵若以铢称镒。

良将明于上述的五项法则,定下胜算,然后开始战斗;败将昧于上述的五项法则,糊里糊涂而战。于是两者的相差,前者如以一镒之重而临一铢之轻,后者如以一铢之轻而当一镒之重。那么,胜败之数,在未战之前,已昭然若揭了。

【铢镒】为我国古衡名,十黍为累,十累为铢,二十四铢为两,二十四两为镒。

胜者之战民也,若决积水于千仞之谿者,形也。

所以良将一经开战,好像突决开数千米深之山谿的积水奔泻而下一样(即集中无比的兵力,一举粉碎敌军),这叫作军形。

【积水之谿】谿是山中之涧,积水是蓄积着的水,即涧中蓄积着的水。【千仞】古以周尺八尺为仞,合今营造尺六尺四寸八分。

老子说:"天下莫柔弱于水,而攻坚强者莫之能胜。"

一八〇六年拿破仑在耶拿的战胜,其战势的猛烈,正如孙子在这里所说"决积水于千仞之谿者,形也",他于战后向天大啸:"杀我的弹丸还未铸造!"

优势

其胜因，固为战略的巧妙，用兵的迅速等，要而言之，还是以二十万的大军对普军的十五万之压倒的优势，为重大因素。

速力

孙子的这种战势论，同时也令人联想起大军的速力。美国的伟大海军战略家马汉，于其著作中，解说海战必胜的要诀就是速度。

压倒

过去太平洋之战中，美空军常以压倒的优势，夺取制空权，击败日空军，而各机均以无比的速力、火力，保持其优势的战斗之姿，这也令人想起仿佛孙子所谓"决积水于千仞之豁"的威势。

兵势第五

用兵之法不外奇正两端，活用奇正，便可制胜。而导致战斗于有利，以发挥部下的特长，亦为本篇的要点，本篇与次篇为姊妹篇。

孙子曰：凡治众如治寡，分数是也；

统率大部队，恰如统率小部队一样简易，是由于有了分数——编制编成，倘若编制编成适切，纵是十万以至数百万的大军，亦可由一人统率指挥自如。

古代编制

【分数】是军队的编成，即战斗序列，军队分区。曹操注："部曲为分，什伍为数。"即，分是部队编成，数为人数意。古代部队的编成有种种的记载。依周礼分：五人为伍，五伍为两，四两为卒，五卒为旅，五旅为师，五师为军（一万二千五百人），另把十人称为火，五十人称为队。依司马穰苴分：以五十人为一队，而把一军的一万二千五百人，分为二百五十队，其中七十五队为握奇（总预备队），其他一百七十五队，分为八阵，即本队八千七百五十人，预备队三千七百五十人。据张预述汉制：一人曰独，二人曰比，三人曰参，比参曰伍，五人为列，二列为火，五火为队，二队为官，二官为曲，二曲为部，二部为校，二校为裨，二裨为军，一军计三千二百人，比周制一军的人员少。至于现代各国军队的编制，通常分为班、排、连、营、团、旅、师、军等，并有平时编制与战时编制之分，前者为后者的基础，后者依前者而产生，形成有组织的武力。

指挥要简易

孙子在此论战场指挥的简易，西欧名将说："战争计划的第一要件是最简单，因为简单的计划，比复杂的计划，令人容易想起，容易实行。"语虽不同，其意则一。拿破仑战略战术的全貌，始终尽于"极简单"一语。因为简单便可"治众如治寡"，进而奇想天外，捕捉良机，冲敌之虚。

拿破仑侵略英国，叹唯一的缺点是其舰队的不振，其于一八〇五年二月一日致书罗斯敦说："我海军的最大缺点是做司令官者，不论在什么场合之下，老是不惯于下命令。"这，虽与孙子所谓"分数是也"的组织关系很少，却证明了"治众如治寡"的战场指挥之适切简单，在海战的战略上也同样重要。果然，法国的海军惨败于特拉法尔加。

组织统率适切的军队，大将有大将的职责，推而至于师长、团长也各有其不可侵犯的权限。将军干涉连长的职分，等于士兵侵犯军官的权限，凡此都足以紊乱纪律，削丧军队的斗志。

——大场弥平《孙子兵法》

斗众如斗寡，形名是也；

与大军交战，好比与小军交战一样轻松自在，这是由于有了形名，即用旌旗之形与钟鼓之音的信号为指挥。

【形名】形是旌旗，名是声音，即钟鼓。在古代战场上指挥军队，所用的是旌旗与钟鼓。在现代用喇叭、电报、电话及其他传令手段。

亚历山大王与孙子的所见相同

亚历山大王之密集长枪队的密集战法，也是用旌旗指挥，且认为其是战斗指挥上最重要的事。但那是怎样重要呢？在大王对密集步兵队训练的文告上，有下面这样的话：

"各员要注意将帅所发细微的信号，依其军旗而保持队形。所命令的事，不论何事均要实行。"

"至于向敌包围，攻此击彼，变更战斗序列等，其操纵兵的容易，要如操纵将的容易。"

由此观之，大王所见与孙子所见，实是不约而同。至于日本战国时代，如武田信玄、上杉谦信等名将指挥"鹤翼"或"车悬"的密集阵时，都是用旌旗与大鼓。

——大场弥平《孙子兵法》

吴子说："夫鼙鼓金铎，所以威耳；旌旗麾帜，所以威目；禁令刑罚，所以威心。耳威于声，不可不清；目威于色，不可不明；心威于刑，不可不严。三者不立，虽有其国，必败于敌。故曰：将之所麾，莫不从移；将之所指，莫不前死。"

三军之众，可使必受敌而无败者，奇正是也；

大国三军之众，不论任何场合，可使其与敌作战而不败的，是由于奇正战法运用不误，即不误了战斗的常则与变则的运用。

奇、正的种种解释

【奇正】奇正与虚实向为兵家所殚精竭虑研究的课题。曹操注："正者当敌，奇兵从旁击不备也。"尉缭子说："正兵贵先，奇兵贵后。"（即正兵先向正面攻击，奇兵击其背面之谓。）李卫公说："兵以前向为正，后却为奇。"唐太宗说："以奇为正者，敌意其奇，则吾正击之；以正为奇者，敌意其正，则吾奇击之。"尾川敬二说："正是战斗的常则，如正攻等；奇是战斗的变则，如迂回等。"至依北村佳逸的见解："防备得使敌不能胜我为正，乘敌之败形袭击为奇。潜水艇、航空母舰等是奇，战斗舰队是正。在春秋战国时，正攻用车队，奇袭用马队（骑兵）。现代骑兵的任务，除搜索警戒外，还可担任破坏、冲锋工作，'乘马用刀，下马用枪'。奇兵尚神速，对于战车队来说难以通过的小道，为便利而用马队，把'骑'字的马儿旁书为'奇'，不是基于此吗？"就将棋（日本玩具，略似中国象棋）说："金银步等是正兵，飞车角是正奇两用，善用奇者，常有以弱卒擒获主将的妙事。正兵与正兵的冲突虽胜，死伤却多。所以损失少而获大胜的，仅限于奇兵。"

春秋战国的教战法

春秋战国的详细教战之法，不传于后世。据吴子述："教战之令，短者持矛戟，长者持弓弩，强者持旌旗，勇者持金鼓，弱者给厮养，智者为谋主。乡里相比，什伍相保，一鼓整兵，二鼓习阵，三鼓趋食，四鼓严办，五鼓就行。闻鼓声合，然后举旗。"

罗马时代步兵的装备

初期的罗马军团区分步兵为重甲兵与轻装兵：重甲兵戴垂至肩膊的铁兜，并披胸甲与屈伸自在的铠、胫甲、臂甲等，左手佩长四尺宽二尺的盾，右手执投枪（与敌战，则先投此投枪）。左身插三尺的长剑，右腰插短剑。轻装兵头戴兜子，左手佩盾，或佩手盾，右手依兵种之不同而持投石器、弓、戟等，跟在重甲兵之后，而排成整齐的队伍。

兵之所加，如以碫投卵者，虚实是也。

我军所向——攻击敌人，恰如以至坚的石块投掷那脆弱之卵一样，一碰必破，这是以我之实击彼之虚。

【碫】是磨刀的石，坚实的石。【虚实】在用兵上，有弱点叫作虚，没有弱点，精神物质俱保持充实的状态，叫作实，详见《虚实》篇。

腓特烈大帝、拿破仑与希特勒的用兵

腓特烈大帝每以劣势的兵力，破优势之敌，即他常出乎敌的意料，而以迅速微妙的迂迴运动，把主力移向敌之一翼，用优势的兵力击敌的弱点——虚，即是孙子所谓"虚实是也"。至于拿破仑的屡战屡胜，亦由于采取以实击虚的碬卵战法，但最后在滑铁卢之役，因以虚击实，致自碰铁壁。希特勒在欧洲战场上的胜利，如以四周而解决波兰，五天而解决荷兰，七天而解决比利时，六周而解决法兰西，亦因使用"以碬投卵"的战法。而最后的失败，乃由于其军精疲力竭，变为以卵击石，盟军却以"以碬投卵"的威势，展开东西夹击，使其无从抵御，终至一败再败，惨死柏林。

凡战者，以正合，以奇胜。

一切战斗，首先多是运用战斗的常则，作堂堂正正的合战，然后因着战况的变化，运用变则（奇兵）以取胜。

老子说："以正治国，以奇用兵。"

被称为现代空军之花的单座战斗机，在空中的战斗，正是这样的"正合奇胜"。它们一上一下地相搏于大空中，真是体现着高度的斗志、智力、体力、热情和机械的能力及一切一切的奇术而角逐。

外国著作家喜引用孙子的话

现代世界各国兵学家多爱用孙子的名言。近读美国拉姆所撰

《蒙古的战法》一文，曾引孙子这个原则，批评一九一六年法金汉与德皇太子攻击凡尔登要塞的失败说："法金汉与德皇太子的战术应用，显然违背二千年前《孙子兵法·兵势》篇所示'凡战者，以正合，以奇胜'的原则，故有此失。即是说，他们仅作顽强的正面攻击，未能以奇制胜。"

故善出奇者，无穷如天地，不竭如江河。终而复始，日月是也；死而复生，四时是也。

所以善用变则的将帅，常是因着战况刻刻的变化而运用之，使敌无从侦知应对，恰如天地的运行无穷，江河的奔流不竭；又宛如没于西天又升于东天之日月的终而复始，春夏秋冬之循环的死而复生。

【天地】老子说："天长地久，天地所以能长且久者，以其不自生。"这是无穷的理由。【江河】长江与黄河，老子说："圣人不积，既以为人，己愈有；既以与人，己愈多。"《中庸》说："溥博渊泉而时出之。"【日月】循环理法之物的证明。老子说："天下万物生于有，有生于无。"【四时】春死夏生，夏死秋生，秋死冬生。老子说："有无相生……前后相随。"

声不过五，五声之变，不可胜听也。色不过五，五色之变，不可胜观也。味不过五，五味之变，不可胜尝也。

音乐之谱，大别为宫、商、角、徵、羽五种，但变化起来，却令人听不胜听。色彩大别为青、黄、赤、白、黑五种，但调和起来，却令人看不胜看。味道大别为酸、苦、甘、辛、咸五种，但调和起来，却令人尝不胜尝（这是喻奇正的变化，用兵的艺术）。

老子说："五色令人目盲，五音令人耳聋，五味令人口爽。"

大西庇阿为攻击迦太基人哈斯德鲁巴，取道西班牙。哈斯德鲁巴预想罗马人的惯用战法，置精锐于中央，乃配主力于中央以相对。但敌人反其预期，把军团配于左右翼，在中央仅配以最弱的部队，中央军在迟缓的行进中，两翼便急速进出，于中央未交战前，迦太基军的两翼便溃乱了，败兵像雪崩般地退到中央来，因此，中央军的队伍也混乱崩溃了。马基雅维利评论说："罗马军所用这奇的战术，倘若用进步的炮兵以对之，则胜败的结果，将成为相反的吧！为什么呢？因为中央军在这距离中的踌躇，正是炮击的好目标，其受损害，必比接战为大。"但是不管大炮怎样进步，飞机怎样发达，都不要忘记了转变样式的奇兵，常操胜利之机。

战势不过奇正，奇正之变，不可胜穷也。奇正相生，如循环之无端，孰能穷之？

战场的情势虽是千变万化，但在用兵法则上，其实也不过是奇与正的两种。这两种奇正的变化，由正变奇，由奇变正，即正兵忽变为奇兵，奇兵忽变为正兵，奇生正，正生奇，两相变化互生而无穷尽，好比那无端的圆环一样，纵是任何天才作战家都不能穷窥其究竟的呢！

奇正、虚实是宇宙的两大动力，即阴阳，天地间的万有以此而生灭变化。《易·系辞》所说"太极生两仪"的两仪是阴阳，物的表里。朱子亦说"阴阳原为一气"。总之，是从太极所分裂的一元二面。就辩证法说，正是 thesis（正题），奇是 antithesis（反题)①。天地、昼夜、刚柔、强弱、胜败、兴亡、生死、虚实、消长等名词的一字是阳，一字是阴，二者交错着、循环着，互为表里。中国最古的哲学体系，在《易经》上，便可窥见。而孙子则从这原理中抽出必胜与必败的两大原则而用作兵法的根据。在自然界、人类界中的物质消长现象，虽神秘不可捉摸，但那奇术的种子，不过在阴阳二气的规律之下，依着时与地而离合，给予起伏屈伸的动机。在古代民族的原始生活中，于智的方面，竟有这样可惊的大发现：重叠八卦，造成六十四卦，依此而说明万有的变化，真是令人敬服不已！（在古代希腊，柏拉图的观念，暗示宇宙论的进路，类似伏羲八卦之点很多。）孙子吸收为现代科学所不能说明的阴阳理论而用于兵法方面作为胜败的本原，总算是没有缺陷的了。

老子说："祸兮，福之所倚；福兮，祸之所伏。孰知其极？其无正。正复为奇，善复为妖。人之迷，其日固久。"知正而不知奇，那是纸上谈兵。

——北村佳逸《孙子解说》

激水之疾，至于漂石者，势也。鸷鸟之疾，至于毁折者，节也。

水本比石轻而柔，因其奔流急速，至于漂流石块。其原理，可以用势字说明。又如鹫或鹰等鸷鸟，利用其猛速力，至于毁折小鸟的骨

---

① thesis 和 antithesis 是两个相互对立的概念，在 synthesis 中达到统一，辩证法中称上述三词分别为正题、反题、合题。

与翼，是由于善为节量距离和时间而对目标作突然的搏击（此亦可作为今日俯冲轰炸机投弹的原则）。

是故善战者，其势险，其节短。

所以善战的良将，其进军是迅速的，其冲击是猛烈的。

【势险】水势险，当是迅速。【节短】节，是节量意。鸷鸟对于小鸟，节量了很短的距离和时间，然后搏击之，自然产生很大的破坏力与摧毁力。

希特勒在第二次世界大战中，所采取闪电战的行动，真似"势险节短"。闪电战所具的条件有三"S"，亦名"三S战术"，即surprise（奇袭），speed（迅速），superiority（优势），但这些原理均为孙子于《孙子兵法》中说破了。

势如彍弩，节如发机。

又以他物比喻之：所谓势者，当进军时，恰如张满的强弩，气势汹汹；至冲击时，所谓节者，恰如射者立于适当距离，瞄准目标而拉动发条机一样，一往无前，百发百中。

【弩】古之军用强弓，弓身装有发条机，用以发矢。【机】为上述发条机，如今步枪扳机。

纷纷纭纭，斗乱而不可乱也；浑浑沌沌，形圆而不可败也。

两军交战时，我军的旌旗队伍，甚至像那丝一样的纷乱，似乎败形已现，但由于训练有素，指挥统率得适当，即"分数正，形名宜"，绝不致纷乱。又我军在混混沌沌的状态中，似乎败形已露，但由于奇正的善用，正像圆环的旋转滑脱，使敌无从捕捉我军的弱点以制胜。

此节以下，曹操谓为"皆毁形匿情也"，借以蒙蔽敌人。老子说："挫其锐，解其分，和其光，同其尘。"又说："道之为物，惟恍惟惚。惚兮恍兮，其中有象；恍兮惚兮，其中有物。窈兮冥兮，其中有精。"

《作战纲要》说："战斗方酣，敌我死命相搏，尤其胜败将分之际，战势更形混沌，状况亦极惨烈，此时之指挥官，须知敌之艰苦，与我相同，勿萌畏缩之心，应本必胜信念，以坚确意志，遂行当初之企图为要。"这是说在混沌的状态中，应巧妙利用兵势，捕捉战机而收战胜之功，正与孙子的论调一致。

乱生于治，怯生于勇，弱生于强。

看之似乱，其实是治，唯治者方能为假的混乱；看之似怯，其实有勇气，即勇气中装着假的怯懦；示弱是为诳敌，是由强中生出的诡计。总之，皆是隐匿我的真形以误敌人。换言之，乱战乱斗的战法，由真治而生；怯弱的军形军容，必待真强真勇者始能为之。亦有解为：治乱、勇怯、强弱，原无一定，乱从治生，勿恃治而怠，怠则生乱；怯从勇生，勿恃勇而骄，骄则生怯；弱从强生，勿恃强而懈，懈则强变为弱。这是戒为将者，勿怠、勿骄、勿懈。

治乱，数也；勇怯，势也；强弱，形也。

还有一点要注意：军队的或治或乱，大半基于"分数"的明不明，明则整治，否则紊乱；士兵的或勇或怯，大半基于兵势的得失，得势虽怯者亦勇，失势虽勇者亦怯；军队的或强或弱，大半基于军形

（配备）如何，军形不为敌人所知则强，反之则弱。亦有解为：基于地形、军形、运用的得宜与否。

故善动敌者，形之，敌必从之；予之，敌必取之。以利动之，以卒待之。

所以巧于诱动敌人的良将，故意示以乱、怯、弱，则他必为所动而来战；故意给予小利，则他必为所诱而来取。总之，以利益诱出敌人，就要整备着劲卒而待机，这也是用奇的一个要谛。

这节【卒】字，有本作"本"字，解为本军，主力军。

故善战者，求之于势，不责于人，故能择人而任势。

良将唯从自然的情势上去求胜利，绝不因战斗的情况不佳而责备部下或推诿于部下。换言之，部下不能发挥其最善的战斗力，是因为将者对于战势的指导拙劣。故良将既善为使用部下的长处与各部队的性能，同时又善为指导战斗的情势，向着自然而有利的方面发展。亦唯如是，才能使部下与各部队尽量发挥其长处与性能。

以《作战纲要》为证

这个规箴，对于自己不努力，而动辄责备部下的长官来说，正是当头一棒。实在说，负责指导战斗于有利，是指挥官的任务。在此情势之下，又使各部队应机完成其准备，而发挥其全部能力，于是战果便可以扩大了。《作战纲要》中说："命令须适合受令者之性格及识量，又凡受命者能自行处断之事项，不可妄加拘束。"又说："各级指挥官纵使战况不利，亦须尽各种手段以图挽回战势，而导之于胜利。此际指挥官之一言一动，于战斗之利钝，具有重大影响，不可不毅然负责，而开胜利之途。"又说："高级指挥官至见有可能战胜之征兆时，为求捕捉歼灭敌人于战场，须使各部队应机完成其准备，迅速移于有利之态势，最为紧要。此际各级指挥官，务须不失时机，各在前方，行其所要之准备。"

老子说："圣人常善救人，故无弃人。"

尉缭子说："因其所长而用之。"

任势者，其战人也，如转木石。木石之性，安则静，危则动，方则止，圆则行。

巧为利用自然之势的良将，其指挥部下与敌人战斗，恰如推转木石一样。木石，置于平地——安，则静止；置于倾斜地——危，则转动。至于四角形的则不动，圆形的则易动。总之，这是说，因势用兵。

战势如转木石

以军比木石，骤看之虽似粗鲁之词，其意味却深长。现从战理上，把它解释如下：

安——军的兵势如磐石般的状态，士兵的精神亦镇静。

危——兵势处于不备缺陷的状态，士卒互相疑惧，部队陷于危殆，而发生动摇的状态。

方——于战法上，仅有正的一面则不胜；有奇正两面，奇正变化的妙用，然后可期善战善胜。仅用方的正面兵势，则缺乏奇面的机动性，于是士卒的精神涩滞，军队亦不发生实际的活动力。

圆——兵势如木石之圆，富于机动性，应对千万变化的状况，没有任何涩滞,而圆滑地推进战斗,士卒亦被驱于其势,好像圆石的旋转般前进。

——大场弥平《孙子兵法》

故善战人之势,如转圆石于千仞之山者,势也。

良将利用自然之势,指挥军队对敌作战,恰如从那几千米突的高峰投转圆石而下一样,愈进愈猛,所当者破,这是兵势。

上项"战人"与本项"战人"的"人"字,均指敌人,战人为与敌人战斗之谓。

势字的研究

孙子在这里的所谓"势",当然是指自然的情势,而能作具体的解释者却未多见,依我的研究:一为指利用我军有利的情势,如士兵思乡之心急,人人想"打回老家"去;或援军到达,人人怀必胜之心;或我军所长,如长于攻者则使之攻,长于守者则使之守,长于山岳战斗者则使之负责山岳作战,长于河川战者则使之负责河川作战等,这样必可发挥全力,势如"转石"一般。次为指敌军发生不利的情势,如士兵厌战、内讧爆发、弹粮告绝等,这样,我乘而攻之,亦可打出"转石"的威势。这是为将者要善为运用的。

孟子说:"虽有智慧,不如乘势;虽有镃基,不如待时。"

老子说:"道生之,德畜之,物形之,势成之。"

虚实第六

战斗贵立于主动地位，避实击虚，与因敌变化，以决策制胜。唐太宗说："朕观诸兵书，无出孙武；孙武十三篇，无出《虚实》。夫用兵，识虚实之势，则无不胜焉。"

孙子曰：凡先处战地而待敌者佚，后处战地而趋战者劳。故善战者，致人而不致于人。

大凡先于敌人到达战场，一切准备完善以待者，而后在作战上就极顺手（佚）了；反之，后于敌人到达战场，慌慌张张，须出而求战，那就极麻烦（劳）了。故善战的良将，老是在未战之先，先到战场，立于主动地位，使敌闯进我方，供我宰制；而不陷于被动地位，闯进敌方，中敌奸计。

【先处战地而待敌者佚】这项在战术上解为强调防势的有利，或攻势防御的必要，固是不错。但有人以为，更进一步，做战略上的解释尤为恰当，即"先处战地"，为先到战地，据守要点，筑好工事，立于主动地位而待敌，那么就与后文"致人而不致于人"，首尾一致了。

证以《作战纲要》

《作战纲要》说："作战必须立于主动地位。"又说："当定决心时，须立于主动地位，力求获得动作之自由，尤须出敌不意，最为要紧；倘一陷于被动，必致始终追随敌人，而归于失败。"又说："战斗之主眼，在能确保主动之地位，并出敌意表，于敌预期之地点与时机，予以彻底的打击，而达成战斗之目的。"正是同一旨趣。

李卫公的评语

【致人而不致于人】人指敌人，致同至或到字意。其要义是说立于主动地位以宰制或支配敌人，不可陷于被动地位为敌人所左右。李卫公说："千章万句，不出于'致人而不致于人'而已。"鬼谷子说："事贵制人，而不贵见制于人。制人者，握权也；制于人者，制命也。"老子说："故不可得而亲，亦不可得而疏；不可得而利，亦不可得而害；不可得而贵，亦不可得而贱。故为天下贵。"

能使敌人自至者，利之也；能使敌人不得至者，害之也。故敌佚能劳之，饱能饥之，安能动之。

大凡能使敌人自进于我所预期的地区，供我歼灭，则在使其判断这种动作的有利，就虚实说，为示敌以虚。又，我的阵地，不欲敌来攻，而所以能使之望而生畏，不敢来攻，是因使其感觉来攻时有覆灭之害，就虚实说，为示敌以实。至于敌人先占有利地区，战备完成时，即欲以他之佚待我之劳时，则要诱之以利，使他唯我追随，疲于奔命。又，敌人于粮食等物充实时，则宜采取中断其运输线，或别动队烧毁其粮食储藏库等手段，陷他于饥饿，以削丧其斗志。又，敌人安定时，即占有利的据点，或安于警戒部队的掩护而行动或休息时，或据守坚固的阵地时，则宜破坏或袭击之，使他不得安定，为我所左右。总之，这是说不论在任何场合之下，常要占据主动地位去支配敌人，扰乱其备战，摧毁其斗志。

一个空军战略

本节所说"佚劳""饱饿""安动"三个原则可作为现代游击战术原则，或空军战略原则。方今空军的作战，主要以大编队的轰炸机连续轰炸敌军敌地（如阵地、仓库、工厂、交通线等），这样，实足以"劳之""饿之""动之"，而达目的。孙子的战理，至今竟可运用于空军上，真是伟大！

出其所不趋，趋其所不意。行千里而不劳者，行于无人之地也。攻而必取者，攻其所不守也；守而必固者，守其所不攻也。

敌人预想为我必攻的方面，或为我攻击所不能忽略的方面，敌必应我攻击而进出防御。对于这方面，我就要派遣一小部队进出，使敌误认我的意图。同时，我则另使用大兵力向他所不顾虑的方面——弱点（虚），而猛攻粉碎之。我行军千里之远，没有感到任何疲劳危险，是因行于没有敌人之地（不设防之地）或行于敌人抵抗薄弱之地，兵不劳而破敌通过。又，攻而必取的，是由于攻击敌人不施防守的地区，或防守不固的阵地，即出乎敌的意表而攻其弱点。守而必固的，是由于守着敌人不敢进攻的险要，或守着为敌人怎样攻击都莫可奈何的要塞，以至以攻击而守，或以机动而欺骗敌人，或远离阵地而战等，使攻者无从达到目的。

【出其所不趋，趋其所不意】二其字均指敌人。出字为遣兵进出意。前趋字，意谓敌军进出防御，后趋字，意谓我出兵攻击。总之，这项是说捉敌弱点而攻击，这种战法，历代名将多用之。

历代名将皆是击虚

亚历山大王以寡兵破波斯的大军，是由于洞察敌的弱点而加以突击，即大王巧于搏敌阵之翼，更搏其背面，而施行包围攻击。汉尼拔的攻击方式，差不多与他同样。恺撒亦窥破敌的弱点而攻击之，如发现敌的弱点在左翼，则以他的右翼攻击之。

腓特烈大帝以他精练机动的部队，攻击敌的弱点——主要的侧面，而搏善胜。拿破仑有时击中央，有时击翼。总之，都是捕捉战术上的弱点而倾注全力以破敌。

又，日本海的海战，东乡舰队对于分为二列纵阵而来的俄舰队的先头，压迫包围其不备而薄弱的一点，向之集中炮火。

【行千里而不劳者，行于无人之地也】看来似是无味平凡的言辞，实则说做战略的前进时，选择进路的重要性。

伐源义仲的战略前进

例如，日本平安时代①，源义仲跋扈京都，大逞横暴，源赖朝使其弟源范赖、源义经往讨之。这支兄弟之军，进出于名古屋，更要西进时，源范赖的主力军乃通过美浓近江路，以濑多为目标而前进，但源义经军一转而经伊势、伊贺，指向京都的南方宇治。这样，源义经军在途中，如行无人之境，一泻千里，一日行军约七十里，很快地到达宇治，结果攻击源义仲为从宇治方面而宣告成功。这伟大的战略前进，即是孙子所谓"行于无人之地"。

又如邓艾之越阴平，拿破仑之越阿尔卑斯山，亦为恰当的例证，于此，我联想到今日飞机的飞行于天空，真有"行于千里而不劳者，行于无人之地也"之概。像第二次世界大战中美国超级空中堡垒携带原子弹投掷于广岛、长崎的成功，就是由于空中未遇敌机，否则哪有那样辉煌的成功？美机真巧"行于无人之地"！

现代战的攻守

【攻而必取，守而必固】在现代的运动战、阵地战、要塞战中，攻者往往先以大队飞机的轰炸与大炮的轰击使敌方的兵员工事几乎毁灭，方用战车掩护步兵进攻，其间尚有飞机、大炮的掩护，并阻止敌军增援，以期攻而必取。守者欲"守而必固"，固须构筑坚固的防御工事，最重要的还要拥有强力的空军，将敌机击败，并协同炮兵毁灭敌军炮兵与战车部队或以重兵威胁其侧背。

---

① 时为八世纪末至十二世纪末，当为我国唐宋时期。

故善攻者，敌不知其所守；善守者，敌不知其所攻。

故长于攻击的将帅，由于企图动作的秘密，足令敌人不知怎样防御；同样，长于防御的将帅，由于虚实的不露，足使敌人不知从何而攻击。

《军形》篇说："善守者藏于九地之下，善攻者动于九天之上。"可作为此二原则的脚注。这是一个"神韵缥缈的战略"（大场弥平的评语）。

微乎微乎，至于无形；神乎神乎，至于无声，故能为敌之司命。

虚实的法则，已如上述。至于实地运用，则要因时、因地、因敌制宜，其微妙神秘，至于无形无声，为笔墨口舌所不能形容。故对此有深造的良将，实操着敌人的生死之权。

东方哲理

这一节的哲理，是东方哲圣的蕴奥。老子说："视之不见名曰夷，听之不闻名曰希，搏之不得名曰微。此三者不可致诘，故混而为一。其上不皦，其下不昧，绳绳不可名，复归于无物。是谓无状之状、无物之象，是谓惚恍。迎之不见其首，随之不见其后。"庄子说："言而足，则终日言而尽道；言而不足，则终日言而尽物。道物之极，言默不足以载。非言非默，议有所极。"孔子说："'参乎！吾道一以贯之。'曾子曰：'唯。'"文殊师利于答维摩诘问不二法门说："善哉！善哉！乃至无有文字语言，是真入不二法门。"妙喜说："道与物至极处，不在言语上，不在默然处，言也载不得，默也载不得。"他们这样一致，实为西方学者用科学方法分析哲理所无的特点。

进而不可御者，冲其虚也；退而不可追者，速而不可及也。

当进击敌人时，能使敌人莫能抵抗我，是因我冲击其虚隙——没有布防之点，或守备薄弱之点。至退却时，能使敌人莫能追及我，是因我退却时意图的秘密和行动的迅速。

以《作战纲要》为证

《作战纲要》说："攻击愈能出敌不意，其成果亦必愈大。"又说："攻击之重点，依状况，尤依地形之判断定之，通常指向敌之弱点，或其最苦痛之方向。"这与本节所谓攻击的意义相同。同书又说："退却之主眼，在能迅速与敌隔离。"这和孙子所谓退却，若合符节。又，近代军队在战场上的退却，都是置有掩护部队拒敌，使得安然后退。其次关于追击敌人的退却部队，同书说："追击之主眼，在迅速捕捉敌人而歼灭之。……军长以下各级指挥官之独断专行，与放胆行动，实为收获伟大效果之要件。当将敌击退时，步兵须迅速移于追击前进，始终与敌接触，使其主力无脱逸之机会，尤不可为敌一部之抵抗所扣留，应将我之大部，勉力速向敌之侧方，或其间隙突进。"

这可作为从反面解释本节的有力参考。

军队要摩托化、机械化

惟于此要注意的：在现代战场上，进退欲速，有待于军队的摩托化，否则徒步而行，退固迟，进亦迟。例如日军过去在我国战场上的行军，往往进用汽车，退亦用汽车，而我军仅用两足，故在前者则使我措手不及，在后者则使我徒唤莫奈何。这个教训难道还不深刻吗？此可见我今后的建军非向摩托化、机械化的大道迈进不可。

证以鲁登道夫战理

鲁登道夫在其《总体战》中，关于冲虚说："用兵之际，主将先审察敌人弱点所在，集中力量以攻之，以求胜利，此谓用兵之重点。"又说："战事关键，又视其战术上与战略上之巧妙，此在小战与大战中，无处不然。所谓战略与战术的巧妙，即在造成一种可以利用敌人所犯缺点之处而攻之。在坦能堡之战中，可以证明，不但大挫敌人，且可保全自己实力。……至于最广阔之战略的包围，最后亦须在某地点上，作一种战术的攻击，使敌人被迫之翼，因而后退，再加上余力，以助其围攻，可使敌军虽欲退却而不可得。其有与此形势相似者，即敌人阵线中忽得一隙缝，包围者乃得间深入而制之。此为余在坦能堡战中所采之方略也。处此情况中，应先在战术方面集中火力于敌之内翼，使其彼此不能相顾，乃生出漏洞，吾军可乘隙而入，彼之漏洞愈大，我乃可截断而宰割之。"关于退却说："兵家每视退为受战略支配不得已而出此者，故羞言之。但依实战之经验而言之，苟其部队对于其指挥者有绝对之信仰,虽作普通之退却,未必有损于军队直前之勇气。其后退也,以平日预备有素而能整然有条,果如此者,虽后退无害。有时军队在战胜之后,竟放弃战线,退至自身之根据地,不独陆军为然,海空二者亦复如是。虽然,后退之结果,为放弃阵地,可以大影响于战事之士气,此不可不注意者。"又说:"依实战经验言之,陆地上之被追击者,其行动较胜利者为捷速,以被追击者常可用极少之器材,阻止追击者之前进,而其大队人马有从容退却之时间。"以上可当为孙子此节的注解。

而对于退却之反面的追击,鲁登道夫力主穷追说:"在今日而言穷追,较昔为易,以空间则有飞机,陆上则有自动车队及铁甲车队,可以在侧面及正面袭击敌人。然而敌人仍能对此追击者,设置种种障碍,阻其前进,如军民之召集,如自动车部队之使用,与夫号召人民使为清野坚壁之举,使胜利者虽欲尽胜利之果而不可得。然正唯其如是,胜利者尤应用其全力于穷追,以尽收胜利之效。因最大成功,即在眼前也。就海上与空中言之,应竭汽锅及摩托中之最大速率而用之,俾得完全歼灭敌人。"此亦与孙子在《九地》篇中所说的"千里杀将"意思相同。

> 故我欲战,敌虽高垒深沟,不得不与我战者,攻其所必救也;我不欲战,画地而守之,敌不得与我战者,乖其所之也。

故我欲与敌决战,敌人纵高垒深沟以固其守,采取持久之策,结果不得不与我交战,是因我分兵攻其弱点或最苦痛之点;又我一时为避免与其决战,纵不设防而守之,好像仅在地上画了一条线,却足以使敌人束手无策，不敢与我作战，是因使敌进则惧堕入我诡计中，与其原来的愿望相反（例如诸葛亮对司马懿所用的空城计）。此句尚有另种解释：我不欲出而与敌决战，仅占领着某地，选择地形（画地意）而配备兵力，不设坚固的深沟高垒，而使敌不敢与我战，即不敢进击，是因我所占领的地区，具有战略上的要机，足以牵制敌军的行动，即现代兵学上所谓的战略侧面阵地。

本节要义，是我知敌虚实，敌不知我虚实的结果。【画地而守之】形容不构筑防御工事。【乖】为背、不符、相反意。【所之】之字，为往、进意。

故形人而我无形，则我专而敌分。我专为一，敌分为十，是以十攻其一也，则我众而敌寡，能以众击寡者，则吾之所与战者，约矣。

故我示形（攻防之形，如佯攻、伪装工事等）于敌人，但非我的真形，于是敌人误判于断，分散其兵力，而我的兵力却可集中。换言之，我的兵力能集中于一点而使用，敌的兵力非分散配置于十处或多处不可。这样，我便可以用十倍兵力攻击敌比我仅有一倍兵力的一点，即形成我的兵力占优势，而敌的变为劣势。能运用这种"以众击寡"的战法与敌作战，那就容易战胜敌人了。

【约矣】约字有各种解释：（一）约是少数，即敌少数意；（二）约是节约，可以节约我兵力；（三）约是要点，即攻击其要点；（四）约是敌方成为少数，而我方成为大多数；等等。但依编者的研究，约应是简易或容易意，即说我以优势的兵力攻击劣势的敌军，那就容易战胜敌人了。

吾所与战之地不可知，不可知，则敌所备者多；敌所备者多，则吾所与战者，寡矣。

这是对前文稍作具体说明。例如我欲进而攻击敌地，为敌所不知，敌因为不知道，乃左顾右盼，茫无头绪，到处分兵防备，陷防线于广泛与稀薄。这样，则准备与我战的敌军，在我军正面的兵力前，就变成寡弱了。

故备前则后寡，备后则前寡，备左则右寡，备右则左寡，无所不备，则无所不寡。寡者，备人者也；众者，使人备己者也。

敌人因不知我意图的结果，故对于兵力的运用，多备于前面，则后面的兵力陷于寡弱；多备于后面，则前面寡弱；多备于左，则右寡；多备于右，则左寡；弄至各方而皆备，则各方面皆寡。总之，这样寡弱，是因自己失去主动地位，受我所摆弄而多方防备；反之，我集中雄厚的兵力，立于主动地位，可以使敌备我，依我的意志而战斗。

日军违反孙子而致失败

日本军人在第二次世界大战中，其胜利固由于抄袭孙子，而失败亦由于违反孙子，或误用《孙子兵法》。日军有限的兵力，除用以防卫本土外，还散布于中国大陆，南洋群岛及安南、缅甸等地，其战场之广，战线之长，为有史以来所未有。即其无所不攻，则无所不备；无所不备，则无所不寡。故一遇反攻，则无所不败。你看其在缅甸及瓜加林、塞班、关岛、帕劳、菲律宾、硫磺、冲绳等地的失败，其失败得那么快，莫非由于兵力分弱。日本军人如再拿起《孙子兵法》，不知将作何感想！

故知战之地，知战之日，则可千里而会战。

能够预知何地为与敌必战的战场，又预知何日为与敌交战的时期，于是在某地某日便可完成准备，这样，纵远往千里之外与敌会战，都可以"不殆"。

《史记·孙子吴起列传》载："孙子度其行，暮当至马陵。马陵道狭，而旁多阻隘，可伏兵，乃斫大树白而书曰'庞涓死于此树之下'。于是令齐军善射者万弩，夹道而伏，期曰'暮见火举而俱发'。庞涓果夜至斫木下，见白书，乃钻火烛之。读其书未毕，齐军万弩俱发，魏军大乱相失。"这是孙膑知战地与战日，而庞涓反之。

不知战地，不知战日，则左不能救右，右不能救左，前不能救后，后不能救前，而况远者数十里，近者数里乎？

反之，不谙敌情，没有预知与敌会战的战场和时日，于是在某地某日毫无准备，仓皇地与敌会战，弄至敌人攻我右翼，则不能调左翼部队以相救；敌人攻我左翼（亦可解为左翼趋往相救），则不能调右翼部队以相救；敌人攻我后面部队，则不能调前面部队以相救；敌人攻我前面部队，则不能调后面部队以相救（均因被截断）。何况部队之间远则隔离数十里，近则隔离数里呢？（按：古代战场上部队间距离很短。）那当然不能协同动作，以相救援。

与敌军（假想敌）交战的战场及时日的调查算定等，原在平时，已要准备完成；至出师后，则更要搜索侦察，以求准确，自不待说。其次部队必须协同一致，方能制胜，古今不变。关于调兵相救这一点，现代已有飞机、汽车、火车、兵舰等工具以供运

《孙子兵法》详解　　125

输，即远在数百里外，亦可很快到达，已不同古代那样迟滞了。

以吾度之，越人之兵虽多，亦奚益于胜败哉？

总之，胜败的决定，基于是否明了敌的虚实，极用兵之妙者，敌兵虽多，亦不成问题。故以我的观察，越国的兵力虽比我多，但使其多备，岂能胜我？

【吾】有书为吴。俱下平，同音。意义亦通。【越人之兵】吴越是世仇，《孙子兵法》是孙武为献于吴王阖闾而作的，故特提及，以期打动吴王。至可注意的：孙子自篇首至此，其间未用过一个固有名词或一段史实，《道德经》八十一章的全卷中，亦没有用过一个固有名词与史实，所以有人说老子是反历史主义者。孙子的文法酷似老子的很多，但自此后，却使用好几个固有名词。

故曰胜可为也。敌虽众，可使无斗。

依于上述，故可以说：胜利之事，倘若敌军不知我的虚实，当然可以由我造成，敌军纵怎么多，也可以使其不能发挥协同一致的作用（即敌不知战地战日，弄至"无所不备"之故）。

有人说，《军形》篇说"胜可知而不可为"，这里乃说"胜可为"，岂不是矛盾吗？不，《军形》篇说"不可为"，是指实的敌人（只得待其自然生虚，然后击败之），这里说"可为"，乃指虚的越军，不知战地战日的越军，决不会矛盾的。总之，我们研究《孙子兵法》学理，决不可以词害意，作呆板的解释。

故策之而知得失之计，作之而知动静之理，形之而知死生之地，角之而知有余不足之处。

我与敌相对立，欲探知敌的虚实，约有四种方法：第一，先考究彼我的情况，战场及敌的行动，而推知利害得失；第二，渐渐与敌相见时，则用尽一切搜索侦察的手段，看清敌人对此所引起的动作，而判知其动静，即敌人有何种企图；第三，为准备与敌战斗，乃施以具体之形（配备），即作兵力的运用，这时乃努力侦察判断地形，以便明了哪个地点为生死所分的重点；第四，这样还不足，则更试行小小冲突，以暴露敌的兵力、配置及企图，从而较量彼我兵力，以辨知我兵力，果是有余抑或未足。

【策之而知得失之计】策是占筮用的蓍草，转用为推定或推测意。这项是说对于彼我的情况，战场及敌的当然行动等，做缜密考察后，判定利害得失。

以《作战纲要》为证

此项具有首先着手判断一般敌情的意义。《作战纲要》说："为期指挥适切，须不断判断状况。然状况判断，以'任务'为基础，综合'敌情、地形、我军状态及天候气象'等各种资料，而加以较量，积极决定'完成我任务'之有利方策。关于敌情，尤其是'敌之企图'，虽然不易明了，然依军队自己搜集之情报，及由他方面所得之各种资料，并与敌之国民性、编制、装备、惯用战法、指挥官之性格、敌军之特性及当时之作战能力等，综合研究，依战术上正当的着眼，由多方面判断敌人可能之行动，更于其若干可能之行动中，更进一步，考虑其'实现之公算较多'，及'与我之利害较切'之行动。则其判断当不致大误。"

【作之而知动静之理】作是引起意，比推定更进一步。凭用直接搜索侦察的手段以引起敌人对此的动作，又看敌人对此的处置，以判别其采取某种行动。《作战纲要》说："进行搜索时，不问兵力之大小，须努力以积极手段，迅速达成其目的，但须注意勿为敌之欺骗手段所惑为要。"且本项指近距离搜索，又如同书说："近距离搜索，乃为各级指挥官收集'战术上之部署及战斗指导'，接敌愈近，其搜索愈周密。此等搜索，以骑兵及机械化部队为主，飞机为副，迨与敌接近，则各部队亦宜自行派遣斥候[①]，或小部队，以实施搜索，近距离搜索若能善用便衣侦探，以为补助，常可获得充分的效果。"

【形之而知死生之地】形是战斗实施已迫的运用兵力，即所谓配备。死生之地，是辨别怎样的地是死地，或生地，即胜败所分的重点。总之，这是就战斗前的搜索而说的，与《作战纲要》此条相当，是："战斗前之搜索，其主要目的在于使战斗部署适切，及而后之战斗指导有利。"

【角之而知有余不足之处】角即角逐、角力的角。这项是凭战斗搜索、战斗实施，以得愈加明了敌情，而应机使用适切的兵力。《作战纲要》说："战斗间之搜索，继续战斗前之搜索行之。其主要目的，在为'各部队之战斗实行及上级指挥而后之战斗指导'求得必要之资料。又敌之兵力及配备，常因'实行战斗'而暴露，有时更可依战斗，而得窥知敌军之企图，故须细心伺察之。"

---

① 斥候指古代的侦察兵。分骑兵和步兵，一般由行动敏捷的军士担任。

孙子以上所述，条理井然，实与现代的搜索顺序一致，是由于古往今来的战斗经过，没有多大差异。

吴子说："夫总文武者，军之将也。兼刚柔者，兵之事也。凡人论将，常观于勇。勇之于将，乃数分之一耳。夫勇者必轻合，轻合而不知利，未可也。"这也是和孙子的论调一致的，即是说要经过策、作、形、角等，方可与敌会（合）战。

故形兵之极，至于无形。无形，则深间不能窥，智者不能谋。

良将用兵臻于极致（神妙）之境，千变万化，没有一定的形式（等于无形）。这样，纵是眼光精深的间谍（亦有解为深入我方的间谍），也无从窥知我的企图与虚实；纵是智慧超常的参谋，也无从发制我的奇谋。

【形兵】为向敌示我的兵形，即用兵，或运用军队作攻防的部署配备之意。

老子说："明道若昧，进道若退，夷道若颣……广德若不足……大器晚成，大音希声，大象无形。"

因形而措胜于众，众不能知。人皆知我所以胜之形，而莫知吾所以制胜之形。故其战胜不复，而应形于无穷。

因敌之形，即因敌之虚实情形，以决定战法，而为部下兵众赢得胜利，但部下兵众却无从了解其所以然之理由，即不明得胜的理由。战后，一般人凭着战绩等得知我以这种阵地、这种战法而制胜，至说到采取这种阵地、战法以制胜的理由，却没有一人能够知道。因为良将不把同一战胜方法，做二三次的反复使用，而是完全因着敌人千变万化之形，运用适切的战法以制胜。

【措胜于众】措胜应解为决定战法以取胜意。【制胜】为制敌取胜，亦有解为制造胜利意。【应形无穷】是说因着敌人的无穷变化之形。原来战史、战略、战术及平时训练的诸原则，诸法则与诸制式，不过死物而已，而能活用与否，就是名将与凡将之所由分。岳飞说："运用之妙，存乎一心。"正此之谓。还有本节所谓"众不能知"及"人莫知吾所以制胜之形"，皆因他们（众人）兵学知识及战争经验的不足。良将运用的机密巧妙和千变万化，更足使他们莫名其妙了。

鲁登道夫说："凡为领袖者，不应为理论的试验所束缚，且尤不可抱一成不变之计划，以为可以应敌。"

夫兵形象水，水之形，避高而趋下，兵之形，避实而击虚。水因地而制流，兵因敌而制胜。

原来兵力的运用，可取象（似）于水（水与兵是建立于同一的原理上），盖水的性状为避高处而向低处奔流，兵力的运用，亦在避敌之实而击其虚。又，水是因着地形的如何而成种种的流形；兵力的运用，也是因着敌情的如何而临机应变以制胜。

哲理与水

中国古代的哲学家很喜欢用水以喻其哲理。老子说："天下莫柔弱于水，而攻坚强者莫之能胜，以其无以易之。弱之胜强，柔之胜刚，天下莫不知，莫能行。"又说："上善若水，水善利万物而不争。处众人之所恶，故几于道。"庄子说："平者，水停之盛也，其可以为法也。"又说:"水静则明烛须眉,平中准,大匠取法焉。水静犹明,而况精神?圣人之心静乎!天地之鉴也,万物之镜也。"孔子说:"夫江河长百谷者,以其卑下也。"又说:"夫水遍与诸生而无为也,似德。其流也埤下,裾拘必循其理,似义。其洸洸不漏尽,似道。若其决行之,其应佚若声响,其赴百仞之谷不惧,似勇。主量必平,似法。盈不求概,似正。淖约微达,似察。以出以入以就鲜洁,似善化。其万折也必东,似志。是故见大水必观焉。"孟子说:"水信无分于东西,无分于上下乎?人性之善也,犹水之就下也。人无有不善,水无有不下。"又说:"今夫水,搏而跃之,可使过颡;激而行之,可使在山。是岂水之性哉?其势则然也。人之可使为不善,其性亦犹是也。"

故兵无常势,水无常形。能因敌变化而取胜者,谓之神。

所以每次用兵(每战)没有一定的形势,恰如水没有一定的流形,能够因着敌情变化,运用兵力及战法以取胜的将帅,叫作神明。

孙子为说明虚实,而以水的性状譬喻之,真是中肯而有趣味之言。但从"因敌制胜"与"因敌变化"等句看来,似乎孙子放弃自己的主动地位,实则不然,孙子不是于本篇之始,以"致人而不致于人"为大前提,而定虚实的用法吗?足见依然以坚确的意志,实现自己的意图,决不放弃主动地位。

故五行无常胜，四时无常位，日有短长，月有死生。

依于上述，兵力的运用，是变化无常、没有一定的。正像五行的运行，也没有哪一种能够常胜的，即有胜必有负，木胜于土，却负于金；火胜于金，却负于水；土胜于水，却负于木；金胜于木，却负于火；水胜于火，却负于土（因其如何配合，而生胜负）。又，好比春夏秋冬的四时，也是不断变动的，没有哪一种能够经常停止于某一阶段。又，好比昼间有长时（夏长），也有短时（冬短）；一月之中有死日，也有生日。

五行之说

【五行无常胜】北村佳逸于此曾附带下了这一个解说："五行说，是从《易经》的深奥哲理而派生的学说，附以迷信，更为奥妙，因为奥妙、神秘，所以从西周，便蔓延到战国，又从战国而流传到汉代，一时代比一时代繁盛。迄至所谓阴阳家的异端学者出现，于《周易》之理，配以历法，又加上自然现象以立说，一时风行，从之者荣，背之者衰，一直发展到算命（如人生的寿夭、富贵、贫贱等）择日（如结婚、开张、旅行的吉日等），成为一家之说。其在日本，于平安朝以后，极为隆盛，纵至今日仍有多少信仰者，尤其从事冒险事业的人，如船员、投机家、旅行家、政客至军人等，其信仰的程度更强。"但孙子于此绝不是提倡迷信的五行之说。

生死考证

【月有死生】此句一般学者向注解为"月有盈虚"或"月有满时，亦有缺时"，这都是错误的。它原为周历制中的二段，即死是

"既死霸",生是"既生霸"。据王国维《生霸死霸考》说:"周人月行四分制:曰'初吉',曰'既生霸',曰'既望',曰'既死霸',与近人之星期相类。"又据海宁《王静安先生遗书》说:"余览古器物铭,而得古之所以名日者,凡四:曰'初吉',曰'既生霸',曰'既望',曰'既死霸'。因悟古者盖分一月之日为四分,一曰'初吉',谓自一日至七八日也;二曰'既生霸',谓八九日以降,至十四五日也;三曰'既望',谓十五六日以后,至二十二三日也;四曰'既死霸',谓自二十三日以后,至于晦也。"

军争第七

军争是两军相对而争利，有争战略战术的利益，有争财货领土的利益。孙子认为战争的胜败多决于军队的机动，故在这篇里倡导机动的用兵，如"以迂为直"，便是一大原则。后面所述的治气、治心、治力、治变的四治，及八项用兵之法，亦为读者不可忽略的要点。

孙子曰：凡用兵之法，将受命于君，合军聚众，交和而舍，莫难于军争。

大凡用兵之法，主将受大命于元首，而集合各乡邑的军众（即动员全体国民）以编组作战军，一直发展到战争快要爆发，与敌对峙宿营时，此后在互相争利的战斗行为上，就要煞费苦心，成为最艰难的事情了。

【交和而舍】和是军门，交和是我的军门与敌的军门相对峙。

舍是宿营，《战国策》里有"与秦和而舍"之句，言与敌人对垒而舍。但亦有解为军队上下一致和睦，然后可以出兵宿营。《吴子》有"不和于国，不可以出军；不和于军，不可以出陈"之句。

谋略战

【军争】亦有解为军战，战则先定谋，军争即谋争，或"抄袭"。军争二字，从来有此两种解说：（一）军不和谐一致，而相争于内部，即军的内争，治之极难；（二）指土地的占领，军器的俘获等——这均是外行的解释。其实孙子在本篇是述其意思深远而最难的战略用兵之妙。例如说迂回作战，或疾风般地用兵，或悬军万里地猛勇进击，皆为孙子兵学十三篇中的白眉。倘若仅凭简单的文学印象，而忽略奥秘的真理，那孙子就要哭泣于九泉了。又，军争既是"抄袭"，即对正兵而用奇兵，是最重要的谋略战。这样的解释，方与孙子的真意一致。

——大场弥平《孙子兵法》

军争之难者，以迂为直，以患为利。

军队相争的最困难之点，是将迂回曲折的远路，当作直线的近道，并变祸患为利益。

老子说："曲则全，枉则直；洼则盈，敝则新；少则得，多则惑。"

【以迂为直】可解为迂回作战。谈到迂回作战，拿破仑越阿尔卑斯山，算是最有名的例证。

《孙子兵法》详解　135

拿破仑的迂回作战

一八〇〇年春,法军介在阿尔卑斯山系,其南,有在北部意大利热那亚的马塞纳(拿破仑部将)军。拿军则在莱茵河上游左岸的第戎附近,与当面的奥军相对,这时梅拉斯将军率其优势的奥军向马塞纳军攻击而来。拿破仑看破了这整个态势,便决心放弃以前正兵的计划,转而越过阿尔卑斯山,压迫梅拉斯军的背后。

拿破仑于五月十三日,统帅着六万大兵出发,除汉尼拔以外,谁也不能绕行的天下无比的峻险——230余里的阿尔卑斯山,他们备尝辛苦艰难,克服一切障碍,一共费了八天而踏破之,好像百雷同落般突现于奥军的背后,把慌慌张张的敌人,任意地粉碎于马伦哥,时是六月十四日。

迂回战法的批判

迂回作战,曾为现代苏联的军事家普力特孟所否定。他说:"迂回战是向敌之一翼或两翼而彻底地给予侧面的攻击,乃是迅速地,且决定地歼灭敌人的战法。因此,这个战法的条件是'机动的秘密'与'急袭'。但飞行队的空中搜索,已不容机动的秘密,更以敌军拥有铁道、汽车等大交通机关时,也不能实行急袭。百万军与百万军之战,包围行动,倏忽间就会暴露而被阻止。敌人利用快速交通机关而输送大军于包围军的攻击方向,其结果,包围变为正面冲突。所以这时包围军方面,反陷于危险的状态。"又说:"运用大兵团的作战,迂回战法,是退却于过去历史的领域。正面打击,正面突击、突破,这是新战场的战术形式。"但在现代侵略战争中，仍有使用迂回战法，尤成为日军的惯用战法，举凡上海之战、徐州之战、桂林之战，莫不用此。又如德军对英法比联军的作战，则避开马奇诺防线的正面，而从其延长线急速地突破色当，随即向英法海峡地带作深远的迂回，结果迫使法比两军全部投降，而英军则出演敦刻尔克狼狈撤退的悲剧。

故迂其途，而诱之以利，后人发，先人至，此知迂直之计者也。

故我欲迂回其进军之途，必先在他方面诱敌以小利，以转移其视线，并牵制其行动。这样，虽后于敌人向目的地出发，却可先于敌人占领目的地——有利的地点，出其不意，而制机先，这是叫作深明迂回之计的良将。

【后人发，先人至】含有迅速与秘密性。

故军争为利，军争为危。

军争是有利的事情，也是危险的事情，取利避害，以能否深明迂直之计为断。

举军而争利，则不及；委军而争利，则辎重捐。

倘若举全军而争利，即争有利的据点或战略上的利益，则行动不能轻快，失了时机；倘若不顾全军的统一，委弃了一部分，只以轻兵或骑兵急进而争利，则后继的辎重必至捐弃，为敌所掠夺。

《作战纲要》

军队机动的行动，最需注意的是辎重问题，此为高级长官煞费苦心之点。《作战纲要》说："战地人马之给养，与军需品之补给，为维持并增进军队战斗力之重要事务，在现代作战中，军之需要，益趋繁复，其实施亦易生困难，苟措施适宜与否，往往影响作战之利钝，故各级指挥官，关于输送连（即行李，以下同）及辎重等之的部署，常须加以周密之注意为要。"又说："高级指挥官须时时应乎作战之推移，预察本军之需要，权其缓急先后，竭力施行有计划之补给。对于补给路线之设定，输送机关之运用，暨军需品之整备及交付等，务使适切机宜，而能以统制实施其补给为要。"

是故卷甲而趋，日夜不处，倍道兼行，百里而争利，则擒三将军，劲者先，疲者后，其法十一而至；五十里而争利，则蹶上将军，其法半至；三十里而争利，则三分之二至。

更详言之：不带甲冑而轻装急行，昼夜完全不休息，以两日的行程为一日，而做这种强行军，这时，倘若开往百里之远的前方（在古代，为三日半的行程）争利作战，则三军——上军、中军、下军之将，必致擒于敌。又由于这种强行军，弄得强者先行，弱者落后，及到达目的地时，就通则说，兵力也只得十分之一了；倘若开往五十里之远的前方（二日多的行程）争利作战，则前敌指挥官——上将军必遭挫折，兵力到达战场时，也只有一半了；倘若开往三十里之远的前方争利作战，其兵力也只有三分之二到达参加作战了。总之，这是说长驱作战的危险性。

【卷甲而趋】卷是收藏，在此为脱卸意，卷甲而趋即各脱卸重铠，仅穿轻便戎装而疾走意。就现在的军队说，则为脱卸背囊等物。虽然轻装对于强行军很有利，但行李却要作麻烦的输送了。【三将军】上军、中军、下军将军，即三军的将军，相当于今日的各军指挥官。【蹶】是失败或挫折意，亦有解为被俘虏意。

古代长途行军的大消耗

长途行军在运输机械化前的古代，其消耗是很大的，在克劳塞维茨《战争论》上亦有这样一段论述："行军对于兵力所生的消耗作用，极为显著。在战场上因食料和宿舍的缺乏，又因车辆的往返致通路的损坏，及须不断警戒，为战争的准备等，均可使有形的及无形的诸力发生无比的消耗。试观拿破仑征俄战争，便可知精锐的法军是怎样的困苦了。拿破仑于一八一二年六月二十四日趾高气扬地渡过涅曼河时所统率的兵员共有 30 万 1000 人，到斯摩棱斯克时，尚有 18 万 2000 人，直到莫斯科时，仅剩 11 万人了。"惟现代以运输的机械化，像孙子、拿翁时代所发生的那种消耗现象，已大大减少了。

是故军无辎重则亡，无粮食则亡，无委积则亡。

像这样的强行远征，是特别要补给充足的。所以倘若没有辎重（如弹药、器材、帐幕、服装等物）的补给，或没有粮食的接济，或没有仓库贮藏品的准备，都足以陷全军于败亡之境。

老子说："君子终日行，不离辎重。"

空中补给

补给对作战的影响，于今尤甚。因为现代军队所用的武器，如大炮所需的炮弹、机枪、步枪所需的子弹，以及飞机、车辆、船舰所需的燃料，不能一时或无，既要多，又要快，否则便等于死物，无法战斗。在第二次世界大战中，军队在前线作战，由于空中补给系统的建立，纵是背后联络线被截断，或被包围，或深入敌地作战，绝无"弹尽粮绝"之虞，即是说：一切军用品均可由运输机运到上空投下补给。

故不知诸侯之谋者，不能豫交；不知山林、险阻、沮泽之形者，不能行军；不用乡导者，不能得地利。

加以在平时，对于中立诸侯的企图，没有充分调查研究，则不能预先结交，以为战时的援助，诚恐战时彼以利害所关而撕毁前约；又，对于敌国的地理地形，倘若没有预先精密的侦察研究，则进军时就不能出以机敏的行动；且为得到这地理地形之利，则必须利用当地人为向导。

【诸侯之谋】春秋时，在北方中原有晋、齐、秦、楚、宋五强的对峙，在南方有吴越二雄的对立。这，就物理说：以物体互相引力的作用，很难保持均衡的。倘若两国交战，则以中立国的向背而破坏均衡，故孙子常注意其动向，虽是敌之敌，意外亦可成为我之敌，所以非先知其本意不可。

【山林、险阻、沮泽】张预注："高而崇者为山，众木聚者为林，坑坎者为险，一高一下者为阻，水草渐洳者为沮，众水所归而不流者为泽。"即近代兵学上所谓战场上的地形地物。这，倘若不明了，固不能行军，更不能战斗。《作战纲要》关于行军与此有相同的指示："当选定行军路时，通常依地图，及侦察所得报告，或咨询地方居民，而决定之。"

【乡导】属乡间，详见《用间》篇。

故兵以诈立，以利动，以分合为变者也。

用兵之术，以诡诈为根本（即以使敌人误认我的虚实，而乱其判断为本），捕捉有利于我的战机而行动。当行动时，或把兵力合一，或把兵力分开——因时、因地、因敌制宜，而收战胜之效。

内外线作战

【以利动】亦有解为以利动部下意，与后面所说"掠乡分众，廓地分利"相照应。【以分合为变】在广义上解，为战略的内外线作战等的兵力之集散分离，或别动队、挺进队等的派遣意；在狭义上解，则当于战术上的助攻、主攻，或支队、先遣队等的派遣，或在攻防上的预备队的使用等之意。本此以达到我的目的而变战局为有利，故言为变，实是言简意远。至于所谓内线作战，是指我作战军对敌的作战军，立于被包围或被夹击的关系位置而作战。这种作战，有集结兵力，将敌逐个击破之利，但动辄失去良机，且因陷于被夹击的位置，易招来士气的沮丧。而外线作战，为我作战军对敌作战军，站在包围或夹击的关系位置而作战。这种作战，概以攻击为主，易于包围歼灭敌人，且易以一方面的成功，而促进其他方面士气的昂扬，但易受逐个击破，及有指挥困难、联络不便、兵力转运阻滞之害。总之，不论哪种皆须以分合为变。在战术上由于支队或先遣队的协力，而把战局推进于有利方面。又，在攻击上，分为助攻方面与本攻方面，借预备队的使用而增大攻击力或防御力等，这都是一种"以分合为变"。《作战纲要》说："预备队已经用尽，或虽未用尽，而状况有'保持预备队必要兵力'之需要等时，务须由状况上需要较少之方面，抽出所需之兵力，重新编成预备队，或增大其兵力。"可作为对孙子分合观的注释，帮助读者对本节的了解。

故其疾如风，其徐如林，侵掠如火，不动如山，难知如阴，动如雷霆。

故良将的用兵，当时机已至，则行动迅速得如疾风般去来无踪；战机未熟，则徐徐然、肃肃然，好比林木的并立无语，使敌人不加注意；侵掠敌地时，则如燎原之火，一草不留；占据一地而等待机会时，则屹然好比泰山一样，不为威吓利诱；隐匿我的兵力意图时，使敌无从窥知，恰恰如阴云蔽天，不见日月星辰；攻击敌人时，则出以迅雷不及掩耳之势，猛烈迅速，使敌无从退避。

本节从"其疾如风"至"不动如山"四句，曾被日本战国时代的名将武田信玄，书上军旗，竖于军门，足见日本军人对孙子的热烈崇拜。有人撰文谓此为"机动战术"的基本原则，不无见地。

闪电战

鲁登道夫说："战争之胜负决于战斗，故战斗即'军事行动'之核心。在这种军事战斗行动中，各种战斗部队，应倾其全力。在各战斗部队中所储蓄之'战斗力'，应尽用之以加于敌人，第一步即以优势之火力，毁灭敌人。"这可作为"动如雷霆"的说明。又据编者的研究，"动如雷霆"可解释为孙子主张"闪电战"。

掠乡分众，廓地分利，悬权而动。

我军既进敌地后，则掠夺（亦可解为征发）其都市乡村的财货粮食（即因粮于敌），以分配于我的兵众；又，对于攻略而占领的敌方领土，则将之论功分封于我将领。总之，进军均要权衡利与不利，作周密的打算，以定行动。

帝国主义的侵略目的

【掠乡分众】即以在敌地所掠夺之物，慰劳士卒之谓。拿破仑时代，曾有限定时日，以兵士掠夺的事例，后来被认为违反人道，且足以酿成不测的弊害，终于被禁止了。此次中日之战，日军在我国不只到处掠夺，且强奸妇女，屠杀平民，其野蛮可见。【廓地分利】廓是开拓意，是说战胜占领了某一地方后，则以之分封于有功将领，以资激励。

上述两项，很明显的，属于封建军事侵略主义。近代帝国主义者在战争上所采取的侵略主义，其目的为：（一）敌国的完全征服；（二）破坏敌的战斗力；（三）排除威胁；（四）占领土地；（五）保卫权利；（六）发展贸易；（七）榨取利润；（八）夺取资源；（九）掠夺金属品、赔偿金；（十）破坏敌的经济力；（十一）确立制空制海权。这自然是破坏世界和平，又可能制造新战争的，我们非根本反对不可。

先知迂直之计者胜，此军争之法也。

预先了解前述的以迂为直的计谋，而善用之，就可制胜，这是从敌争取利益的良法。

《军政》曰："言不相闻，故为金鼓；视不相见，故为旌旗。"夫金鼓旌旗者，所以一人之耳目也。

古代《军政》书说："指挥大部队时，因为说话不能相闻，故用钟鼓为信号，因为视力所及的范围有限，故用旌旗为记号。"总之，金鼓、旌旗的效用，是统一兵众的耳目于指挥官的意图之下。

现代的通信工具

指挥军队所用的通信工具，在古代是那笨拙的旌旗与金鼓。到了现代，科学的发明，工业的发达使它进步得惊人，主要有电报、电话、信号弹、闪光器及警报器等，故对于军队的指挥调动极为便利，虽远隔数千米，依于无线电的利用，瞬间即可将命令传达。第二次世界大战中，德军对于前线官兵的传令，即使用了一种为肉眼所看不见的光线——红外线所制成的无线电话。这电话机与普通电话机不同，能把人的言语变成红外线的波浪，传达到若干千米外（天气良好，话程可达约16千米），然后在收音机中变成言语为他人收听，极为灵便。

人既专一，则勇者不得独进，怯者不得独退，此用众之法也。

这样，兵众既专一，服从号令，构成集团人格。于是纵有特别勇敢者，也不得自由地前进；纵有特别怯弱者，也不得畏缩而独自退却。这就是指挥大部队作战的方法。

故夜战多火鼓，昼战多旌旗，所以变人之耳目也。

故在夜战时，宜多燃烧炬火与大擂金鼓，昼战时，则宜多举旌旗，其效用，在变乱敌人的耳目，而起恐怖。

本来夜袭是禁戒举火发声的，但此处所言"多火鼓"，大概是用于佯攻伪战，借以威胁敌人，促其误认我兵力雄厚，不战而退。

故三军可夺气，将军可夺心。

这样，既可夺三军的气，使之沮丧；又可夺了敌方将军的心，使其不能谋。

攻心为上

此二句承上文，起下文。原来三军以斗为主，斗是乘气，夺了此气，则斗怯。又，将军以谋为主，谋是运心，夺了此心，则谋乱。下不能斗，上不能谋，敌人上下怯乱，而我的心气专一，那就可以一举把他打得落花流水。

美国艾森豪威尔说："士气是打胜仗唯一的最大因素。"又说："破坏敌人的士气应该是每一个司令官的经常目标之一。"再说："士气最容易在打胜仗时生长起来，但良好的领袖纵在漫长的困难时期中，也能使士气在军中保持不渝。然一时未能取得全面的胜利前，领袖们必须随时找一些小胜仗打。"

是故朝气锐，昼气惰，暮气归。故善用兵者，避其锐气，击其惰归，此治气者也。

大凡就一人或军队的精神说，在拂晓充满着锐气，在日中渐趋惰倦，至黄昏后，则以一日的疲劳，各有归休之感。故善用兵的良将，对于敌人的攻击，必避其拂晓的锐气，而乘其日中、日没的惰气、归气。但这可以说是了解了气的利用吗？不，还有下面的解释。

士气

福特说："朝的工作是金，昼的工作是银，夜的工作是铜。"倘若说战斗也是从午后至夜里面方渐衰，那是极浅薄的解释。因为敌锐时，我也锐，敌惰归时，我也适为此时刻。假设成为中国与美国一样：一方是朝，一方是夜，则那种解释虽可适用，但在交战地，由于彼我时刻同样，则为不合理。

真谛治气

宫本武藏的《剑法》说："敌人第一回打来时，用全力，其势锐；第二回打来时，渐衰；第三回打来时，已疲，便有虚隙，击之必胜。"这节所谓朝气、昼气、暮气也是一样。朝气，是第一回的攻击，昼气是其次，暮气是第三回，而不是谈时刻的。其意是说，先避开敌的猛冲，即避其锐气，迎其气衰的第二回的昼气，而用自己的锐气以击之。倘若敌之气未衰，又努力于再度作战，则在第三回的合战时，就以全力向敌之归气以猛攻，这是治气的秘诀。《左传》所载曹刿在长勺之战所用的战法，即其例证。老子说："飘风不终朝，骤雨不终日。孰为此者？天地。天地尚不能久，而况于人乎？"

——北村佳逸《孙子解说》

"避其锐气，击其惰归"，亦可以引《吴子》上的话为证："武侯问曰：'暴寇卒来，掠吾田野，取吾牛羊，则如之何？'起对曰：'暴寇之来，必虑其强，善守勿应。彼将暮去，其装必重，其心必恐，还退务速，必有不属，追而击之，其兵可覆。'"

以治待乱，以静待哗，此治心者也。

以我的安定，待击敌的混乱；以我的静肃，待击敌的纷扰。这是治心的良法。

心理战

治与静是由于训练有素，指挥命令彻底，计划准备完全。亦有解为：治是军的人和，静是军容整肃，乱与哗反是。

以近待远，以佚待劳，以饱待饥，此治力者也。

以近于战场的我，待击远来的敌；以安逸的我，待击疲劳的敌；以粮食充足的我，待击粮食缺乏的敌。这是运用军队战斗力的良法。

武力战

【以近待远】照普通的解释，为我军先到战场，占领战地，迎击从远方进击而来的敌人，即解为采取防御态势者亦多。然而如克劳塞维茨在《战争论》中所说："防御之后，断然转为攻势。"那还不失为真理。

恺撒、汉尼拔、成吉思汗、腓特烈大帝、拿破仑的战略，都是采取攻势，因能制胜。防御的名将惠灵顿在滑铁卢之胜，不是以防御粉碎拿破仑的，是由于猛将布吕歇尔将军向拿军的侧面乘其不意地采取攻势。所以孙子这个原则实含攻势防御的意思。

《孙子兵法》详解　　147

东乡之胜

【以佚待劳】在对马海战中的东乡舰队,先歼灭了在旅顺的俄国舰队,仅以海参崴舰队为敌的日本海军,就在佐世保、吴等军港,修理各舰,整备大炮弹药,且在朝鲜南岸的镇海湾及其附近的要地构筑根据地,等待着从印度洋东航的波罗的海舰队。

这时,东乡舰队本可远出新加坡,或台湾海峡的附近求敌决战的,但这不仅反使兵员疲劳,且消耗战斗的航续力,殊非佳计。于是乃采取孙子所谓"以佚待劳"的战法,迎击"鹏程万里船足迟"的心身过劳之敌,而歼灭之。

封锁轰炸

【以饱待饥】使敌饥饿,在战争遂行上极为重要。第一次世界大战时,英法协约军以潜艇水雷对德实施经济封锁,使德国人民尽受饥寒之苦,因而斗志日丧,发生革命,至于屈服。据说,协约军于一九一八年曾拟订了一个大规模而残忍的计划,即预期于翌年以大批空军释放毒天然气于全德的田园,使一切谷物枯死,陷全德于彻底的饥饿,人人变成饿殍,但未实施而休战了。诚以天天进步的飞机的魔力,所谓"空中战略"(战略轰炸),唯有愈趋愈烈之势,这又是孙子的饱饥战略的大发扬。

——大场弥平《孙子兵法》

日人袭用《孙子兵法》的失败

孙子在这里所说的武力战之三原则,其中之一的"以饱待饥",在过去的抗战中,曾为日军用以对我作战的方针之一,施以狂炸,复施以经济封锁,弄得我官兵吃不饱、穿不暖,行亦无车,真是惨不堪言。然以抱着必胜的信念,坚持到最后五分钟,遂使日军无所施其技,而我便博得最后胜利了。其次,日军于太平洋之战初捷以后,亦满以为利用此三原则,即以为从美国远渡大洋来进攻日本,路程不为不"远",身心不为不"劳",加以运输不为不难,因而引起供应不足,以致饥饿,而自己却可以"待"击之。这样便足以制美军于死命,重演东乡击破俄国海军的一幕。否料,美军由于实力的强大,有快速飞机与船舰为用,便缩短远渡大洋的距离以减少精神肉体的疲劳,加以供应充足,既无饥饿之象,且无弹尽之虞。于是一味凭其压倒优势,施以无情的打击,弄得日军每战必败。不待说,这又是由于犯了孙子所说"不知彼不知己"的大毛病。

无邀正正之旗,勿击堂堂之陈,此治变者也。

望见敌人的旌旗整齐不乱,是不可迎击的;又,对于堂堂而强大的敌阵,也是不可进击的。(此皆言敌军无虚可乘,须待其生虚,然后击之。)这是治变之法,即制止祸变的良法。

正面攻击的评价

【正正之旗,堂堂之陈】均是形容敌军的强实,前句指敌攻,后句指敌守。当敌采取守势,阵地坚强,我乃以大兵对之作正面攻击，结果谁胜谁败，虽未可知，但攻者的牺牲往往较大于守者。鲁登道夫说："陆战上最后制敌之法，唯有使用炮火，坦克车与飞机之轰炸，对于敌人作正面之攻击而使之后退，且冲破其阵线。盖在他种方略无法使用之时，唯有正面攻击一途而已。世界大战中，英法俄在东方与西方谋冲破德国阵线，而皆失败。一九一八年，西线上德军之攻击，但能使敌人阵线稍一进而不克截断之……要知正面攻击之战略，在攻者方面，必受极大损害，此势所必然也。"由此亦可见步兵攻击"堂堂之陈"的不合算，难胜利。但是战争之事，在战斗上不胜亦不要紧，而运用其他术策，如"乱之"——宣传战争，"饥之"——经济封锁，亦可达到胜利的目的。第一次世界大战，协约国的取胜德国，可为铁证。孙子在战斗上，着重乘敌人的弱点——"有虚之阵"而攻之（因为在相持中，敌阵必有弱点暴露）。此点，鲁登道夫亦有同样的见解，他说："负指挥之责者，不论为海为陆为空，能凭其数目与火力的优胜，以选择敌人的弱点，使之成为作战重点而猛攻，不久就可以使敌军大败，而我军大胜。"

故用兵之法：高陵勿向，背丘勿逆，

这是局地战法，即对于占据高地为阵地的敌人，我不可仰攻，因为仰攻，则不利。又，对于以丘陵为背，即从高地上进出的敌人，我也不可迎击，因为这足以暴露我的行动，而受敌的瞰制。

佯北勿从，锐卒勿攻，

对于佯装退却的敌人，不可跟踪追击，因为彼必设有伏兵。又对于士卒精锐，斗志旺盛的敌人，也不可攻击，因为损失必大，且无必胜把握。言外是说，要逐次消耗其精锐，然后可击之，亦有"强而避之"的意思。

饵兵勿食，归师勿遏，

对于以一部弱卒，或以军需品，或以都市、港湾、要塞等饵我的敌人，亟须辨别之，不可贸然上其钩。对于退自阵地，急向本国归去的敌军，其归心如箭，倘若我在途中给予截击，阻止其退路，他必死力奋战，结果，不独我的目的难以达到，反使自己饱受极大的损失，此非注意不可。故欲歼灭之，应讲求其他术策。

围师必阙，穷寇勿迫。

包围敌人，仅可包围其三面，应阙一面。不然，四面包围，使彼没有退却的生路，势必决死搏斗，反使我蒙受极大的牺牲，这是就野战而言。至于攻城则非四面包围，使彼与外部断绝一切联络不可。又，对于无路可逃的敌人，也不可急于迫击，因为这种敌人，势必上下同心，为死里求生而抗战，即所谓"鸟穷则搏，兽穷则噬"。迫击之，反使我蒙受不测的损失。

此用兵之法也。

以上四节（八项），均为用兵之法。

它与上述四治有密切关系。但据前人张贲、刘寅的研究：从"高陵勿向"至此，为次篇《九变》的错简。在《九变》之始的"合军聚众"之下，加入"高陵勿向，背丘勿逆，佯北勿从，锐卒勿攻，饵兵勿食，归师勿遏，围师必阙，穷寇勿迫"八句，连原有"绝地无留"一句，以备九变之数，次置"此用兵之法也"一句。把《九变》篇中之"圮地无舍""衢地合交""围地则谋""死

《孙子兵法》详解　151

地则战"四句，当为《九地》篇的错简而删除，文义较顺。特录于此，以供参考。

战术革命

上述八项兵法，殆由于古代的弓矢刀矛的军队使然；但以今日空军的发达（一变为立体战）、炮兵的进步，几乎已不适用。今日的军队，是使用最新火器而作战的，故以遮断退路、立体进攻、完全包围、彻底追击为扩大战果的良法，于是一变为"高陵可向，背丘可逆，锐卒可攻，归师可遏，围师勿阙，穷寇可迫"（或用飞机，或用大炮，或用战车攻击）了。

吴子说："凡料敌有不卜，而与之战者八：

一曰：疾风大寒，早兴寤迁，刊木济水，不惮艰难。

二曰：盛夏炎热，晏兴无间，行驱饥渴，务于取远。

三曰：师既淹久，粮食无有，百姓怨怒，妖祥数起，上不能止。

四曰：军资既竭，薪刍既寡，天多阴雨，欲掠无所。

五曰：徒众不多，水地不利，人马疾疫，四邻不至。

六曰：道远日暮，士众劳惧，倦而未食，解甲而息。

七曰：将薄吏轻，士卒不固，三军数惊，师徒无助。

八曰：陈而未定，舍而未毕，行阪涉险，半隐半出。诸如此者，击之勿疑。"

九变第八

九是数之极，九变不限于九种变化，而是多种多样变化的意义，与"七变八化""千变万化"的意义相同。利害为战争的指针，先述为将者遇利害应知所变通，次述对敌运用利害，最后则指出为将者五种有害的性格，而促其省察。首尾一致，天衣无缝。

孙子曰：凡用兵之法，将受命于君，合军聚众。
这与前篇的发端相同，想是孙子用以起下文。解释见前。

圮地无舍，
圮地，即湿地，不卫生之地，这种地带不可宿营。

这里所说的"圮地"与《九地》篇的"圮地"，一为指示我们以"无舍"，一为"则行"，意同词异。

衢地合交，

衢地，即介于我、敌及他国之间的中立国，彼之向背，影响战争至巨，故应好好地和他结交，以便我军通过，更进而使其切实援助我，或参加我方对敌作战。

外交的重要

在近代战争上，中立国更为重要，因为一国对外作战，绝不能样样依赖本国，如军费、粮食、燃料、武器等免不了要仰给于中立国（如第二次世界大战，英苏各国皆租借于美国），且空军之通过其领空，及其飞行根据地的借用；海军的通过其领海，及其军港的借用、燃料的补给等，亦所必需，然这都是取决于外交的。孙子于两千多年前，早已注意到中立国与外交的重要性，他的眼光，真是远大！

绝地无留，

对于水草缺乏、粮食困难与交通不便的绝地，应迅速通过，不可停留或久留。

这是一种常识，无须详解。

围地则谋，死地则战，

陷于被包围之地时，则宜速出奇谋以解脱之，详见《九地》篇。又，陷于难以生还的死地时，则宜出以死战，以图于死中求活。

途有所不由，

军队的行进，有时对正大的道路也会舍而不走，例如拿破仑征奥地利时越阿尔卑斯山，邓艾征蜀时绕道阴平。又如第一次世界大战中，德军竟采取非常手段，破坏国际法，取道中立国比利时以攻击英法协约军。过去日军进攻我国时，在中国南部各役中，往往走小路而不走大路。

军有所不击，

有些敌军也不必攻击的，如果在整个作战上没有什么影响，也有仅予以监视牵制，而不进击的情况。

城有所不攻，

有些敌城也不必进攻，也有仅行包围——以炮击或封锁，而不作肉弹的强袭。例如第一次世界大战中，德军于一九一四年八月侵入比利时，为了速调主力军侵入法国，对于列日、那慕尔两城，仅以预备军监视之，而待其自灭。

地有所不争，

有些敌地（或中立地）也不必争夺的。这里的地字，依编者的研究，具有两种意义：（一）可供战斗上用的土地，如城塞、要隘等；（二）有财富之地，如都市、乡村等。

美军行动合乎孙子原理

上面所说"军有所不击""城有所不攻""地有所不争"，这三个原则，至今还是不变的。像美军此次在太平洋上的反攻，当攻下菲律宾、硫磺岛之后，下一行动应为我台湾，或小笠原，甚至同时登陆中国大陆。他却不然，仍本其"越岛攻击"的战法，登陆冲绳，以冲绳为基地，进攻日本本土。因为在这广大的战场上，如果"军有所必击""城有所必攻""地有所必争"，一来既分散兵力，增加消耗，二来还要延长战胜的时间。所以美军此举合乎孙子的原理。

君命有所不受。

在战场上，元首的命令有时也可以不服从，而采取临机应变的处置。

春秋时，元首（君侯）是文官，不是武人，所以服从不谙军事的元首之命，而致偾事是不行的，孙子大概有感于斯而发吧！孙子是言，实与"军不可从中御"及"军中不闻天子诏"两格言，皇然成为历代主将的口号。

"自'圮地无舍'至'死地则战'为常法。自'途有所不由'至这项为九变。先常法，次及变通。老子说：'不知常，妄作凶。'"

——北村佳逸

故将通于九变之利者，知用兵矣；将不通于九变之利者，虽知地形，不能得地之利矣。治兵不知九变之术，虽知五利，不能得人之用矣。

所以将帅能够通晓这九变之利，那算是用兵的能手了；倘若不通晓这九变之利，纵是熟悉地形，也不会得地利。又，在指挥统率上，不知这九变之术，纵见熟悉如何取得地利，也不会发挥用兵的微妙，而博得胜利。

【九变】为多样变化、变通意。不限于九种变化。【得人之用】是说善于用兵。

是故智者之虑，必杂于利害。

基于上述，所以智将的思虑，必常顾到利害的两面；因为利中必有害，害中亦有利。利害是相错综的，没有绝对的利，也没有绝对的害，好像形之有影，影之随形。

凡事皆有利害两面

《作战》篇说："不尽知用兵之害者，则不能尽知用兵之利也。"

老子说："天下皆知美之为美，斯恶已；皆知善之为善，斯不善已。故有无相生，难易相成，长短相较……前后相随。"于此，可见老子与孙子的话，实合乎今之相对论、辩证法。

杂于利，而务可信也；杂于害，而患可解也。

于害中，杂入利以考虑，乃竭力抓着干去，则任务可以完成；于利中，杂入害以考虑，而巧避之，则祸患亦可免除。

【信】是相信，或把握，或完成意。

自"智者之虑"至此，尚有人作这样稍具体的解说：即智者对于敌军的企图、地形等情势的考察，必并以利害的两面，其结果，虽判断为对我军有利的，但有利必有害，其所杂入的害，如能设法除去，则我就可战胜敌人。结果虽判断为对我军有害（如上述的圮地、绝地至受君命等），但有害必有利，其所杂入的利，倘能把握（如上述的无留、将在军不受君命等），则在战争上便可避免覆军杀将的祸患。

老子说："勇于敢者则杀，勇于不敢者则活。此两者，或利或害。天之所恶，孰知其故？"

是故屈诸侯者以害，役诸侯者以业，趋诸侯者以利。

因此，欲使诸侯屈服于我，听我指挥，在于捉住他的弱点而示之以害；欲使诸侯为我奔走，在于委托其以事业；欲使诸侯奔附于我，在于诱之以利。

为达到本节各项的目的，当然是采取外交手段。至关于"役诸侯者以业"亦有解为：怂恿诸侯大兴土木，或唆使其与他国交战，以荡尽人力、财力，而失去战斗力，免为我患。

"有时讨之，有时诱之，有时利之——德川家康是其标本。今日的友，明日的敌；昨日的敌，今日的友；好恶由己，生杀随意——这是家康的狡狯。弄得诸侯一日不安，互相猜忌，天下汹汹。"

故用兵之法，无恃其不来，恃吾有以待也；无恃其不攻，恃吾有所不可攻也。

故用兵之法，不可侥幸敌人不来，要恃我常有足以抵抗的国防力；也不可侥幸敌人不来攻，要恃我常有攻而不破的防御力，或常保持着没有为敌可乘的虚隙。（例如第一次世界大战时，凡尔登要塞，为德军多次猛攻，屹然不陷。）

本节是孙子劝人"厚于求己"，与《军形》篇说"先为不可胜，以待敌之可胜"的意思照应。

充实国防

战争是达成政治目的的手段,是一种动的东西。看之似爆发,却不爆发;看之似不爆发,却又爆发。这爆发的时间,是超乎一切理论,为任何人所不易断定的。故一国为应对不时的战争,最好预先充实国防力、国防力充实,便可"恃吾有以待也",与"恃吾有所不可攻也"。像今日各国的普及军训,扩充军备及奖励科学发明,即属此意。孙子在春秋时代,目睹群雄对峙,一国时有被侵略的危险,所以在《孙子兵法》中,力说充实国防力的重要性,其原理至今,益见正确。

故将有五危:必死,可杀也;

就将帅的性格说,约有五种危险性应戒除。其一,是必死。本来决死而战的果敢,是军人的本分,也是最高尚的行为,但由于缺乏智谋,暴虎冯河,必致为敌诱杀。

老子说:"坚强者死之徒。"又说:"勇于敢者则杀。"
《司马法》说:"上死不胜。"岳武穆将军说:"勇不足恃,用兵在先定谋。"

必生,可虏也;

有智谋者,往往没有必死之勇。及至身临战场,畏怯多疑,只想生还,必为果敢之敌所生擒。

于此,亦可这样解释:"富有智勇,欲以小兵当敌的大军,以最少的损失想收最大的战果,固是良将之器。但毕竟因为兵力寡弱，变为'以卵投碪'，则不难为优势之敌击破，俘虏而去，例如李陵被擒于匈奴。"

老子说："而民生生，动皆之于死地，亦十有三。夫何故也？以其生生也。"

《司马法》说："上生多疑。"

忿速，可侮也；

容易受刺激而轻躁的人，是可以侮辱的。他遇受侮辱时，则失自制心，变为轻躁，易堕入敌人的诡计中。

"忿速"对任何事情，仅是用感情，使意气，缺乏镇静与理智。
老子说："轻则失本，躁则失君。"
仲尼说："小不忍，则乱大谋。"

廉洁，可辱也；

廉洁本是可贵的德行，但失之急于洁已，喜矫饰，好名誉，便易为敌利用其短以污辱之，而乘其隙。

爱民，可烦也。

爱惜士卒，本是善德，但因溺于爱惜，便不能采取果断的行动，易为敌人所烦——"劳之"，疲于奔命。亦有解为：对于扼守险阻的敌人，我乃分兵骚扰其人民，这时，有仁心的敌将，不忍坐视，仓皇赴援，势必坠我术中，而吃大亏。

老子说："天地不仁，以万物为刍狗；圣人不仁，以百姓为刍狗。"

《作战纲要》

《作战纲要》说："欲使完成战胜之效果，须行猛烈果敢之追击。然当战胜之后，一般多以目前之成功为满足，而踌躇于果敢之追击，常致功亏一篑。故各级指挥官应以极坚固之意志，断行追击。战斗后，胜者之疲劳固大，而败者之体力与气力更属困惫，故胜者慎勿为部队之损伤整顿等因素所拘束，尤须克服疲劳与补给之困难等，一意决行追击，以完成最后之胜利。此际各级指挥官不惜对部下为过剧之要求，否则仍须更大之牺牲，而再攻击敌人也。"

这是关于追击战斗的记述，可作为本节的注解。

凡此五者，将之过也，用兵之灾也。覆军杀将，必以五危，不可不察也。

以上所说的五种危险性格，或偏倚性格，是为将者最大的缺点，用兵上最大的灾殃。足以造成全军的覆灭，自己被杀的悲惨，必以这五种为原因，这是为将者不可不深深地审察的。

五危与五德

原来利中有害，害中有利；长处即短处，短处即长处。然所以能弃短留长，则在于修养有素；取利避害，则在杂于利害而考虑。此孙子最后所以督促我们说："不可不察也。"但这样的解释还是不够的，为将者欲避免此五危，一定要具备《始计》篇所说的五德——智、信、仁、勇、严，然此固关乎先天的禀赋，尤关乎后天的修养，为将者能就此不断地修养，自可兼备五德而避免五危了。

行军第九

这篇的篇名，若以近世的兵语解释，则颇相当于旅次行军、战备行军。发端的"处军、相敌"，为全篇的纲领，即说在局地的军队战斗法，与依各种征候而判断敌情，故此"行军"解为"用兵"较为妥当。与《九变》《军争》诸篇并读，自可彻底了解。

孙子曰：凡处军、相敌：

大凡处理我军与判断敌情之法。这一句，是全篇的纲领。

【处军】可解为处理军队，或部署军队意，从"绝山依谷"至"伏奸之所"为说明"处军"。【相敌】是观察，或侦察，或判断敌情意，自"近而静者"至"必谨察之"，共三十三项。自"兵非益多"至篇末附带谈及用人之法。又，《孙子兵法》各篇之开头，每用"之法"二字，如《作战》《谋攻》《军争》《九变》《九地》等。

基于此而判断，也许在"处军、相敌"后，漏了"之法"二字未定。

空中照相及雷达

在近代战场上的"相敌"，已使用科学的工具，如望远镜及侦察机等，尤其到了第二次世界大战，以空中照相的进步及雷达的发明，更使"相敌"一事，进入新时代。空中照相可把地面一切状况摄成照片，以供判知敌情。使用雷达，可探知敌机敌舰出现的距离，并给予高射炮一个准确的瞄准方向，且可测出远距离的敌方臼炮与大炮阵地，测知敌人所盘踞的公路的位置，夜间队伍与车辆调动情形。美国陆军信号队司令尹格拉斯中将近日曾把两种雷达的效用公开说明："雷达侦察器能以惊人之准确程度，搜索距离约8000米以外之敌方炮位，信号队利用一特制雷达，测出敌方炮弹之上下行进方向，然后借几何三角测量原理算出炮弹全部弹道，及炮位之准确地点。根据上述方法，雷达可发现约8000米以外之隐蔽炮位，其误差最多约55米；雷达可用以窥测敌人夜间调动情形；于雷达电波四布的区域中，能测出所有移动之目标，远在约26000米以外之车辆，亦难逃出其视线，然普通有效距离约16000米，约5000米外部队之移动亦可察觉。雷达技师技巧之熟练，竟能计算一队中的敌兵人数，及敌人车辆之类型与速度。"这是军事上"相敌"的一大革命，令人想起孙子时代的专用眼力以观察敌情，真有隔世之感。

下述为各种地形的战斗法：

绝山依谷，视生处高，战隆无登，此处山之军也。

先谈山地战。当横断通过山岳时，宜沿着河谷而前进，这是因为有水草给养人马的便利；又，在交通比较容易的山地，宜占领高地布阵，可得瞰制之利；对于占领高地的敌人，务要避免从正面攀登攻击，最好诱敌从高地下来交战，这是处理山上用军或山地战的要领。

【绝山依谷】绝是越，或横断，或通过意。依是沿，或择意。沿近溪流的山道，如成为敌的前进路，以直接扼守为宜，且谷地有获得水草的便利，在给养方面，亦很有利。

【视生处高】生是生地，或交通容易之地。基于《九地》篇说"无所往者，死地也"。所以这里的"生地"，可作为反对的解释。至于旧注，起自曹操，多注为"视者向也，面也。生者，阳也，东南也"，合为面于东南之义。又荻生徂徕则解为"生是草木生长之地，视是看。"均未免牵强。但这句在下述河川战斗的场合，把生解为交通容易之地，应最恰当。

【战隆无登】隆是高意，即在高地上的阵地。这句是说登山的不可。据山地战的特性，从正面强袭，因地势险峻则不利。言外之意是，宜讲求其他术策，如诱下击之，或迂回袭击等。但在近代因飞机、大炮、坦克的出现，对于山地的进攻，已不似从前那样的困难了。纵敌人躲于水泥钢骨的堡垒里，尚可把他毁灭，何况高山不可登！

绝水必远水，客绝水而来，勿迎之于水内，令半济而击之，利；欲战者，无附于水而迎客；视生处高，无迎水流，此处水上之军也。

次述河川战斗的要领。当横断通过河川时，必须迅速前进，以远离这种障碍为原则。至于敌渡河前进时，不可迎击于水上，宜乘其一半刚上陆，其后一半尚未渡河的时机而击之，这样，则敌人前后失了联络，分为二段，最为不利；又，欲在河川间与敌决战，亦不可沿着河岸以配备兵力而迎击，应择交通便利的高地布阵而迎击敌于半渡，这是就防御而言。

【绝水必远水】渡河，倘若不迅速前进，远离这种障碍，必致挤拥于河边，一来妨碍后续部队的上岸，二来无从应对敌人的奇袭，不可不戒。

【令半济而击之】击敌于半渡，也是现代河川战斗的原则。《作战纲要》说："企图攻势之河川防御，通常于预想之各渡河点，配置必要之警戒部队，其主力则采取即能转为攻势之态势，乘敌半渡，即乘敌尚未发挥其攻势的战斗力之时机，转移攻势以击灭之。"至就敌方而言，如有强力的飞机、大炮的掩护，及水陆战车的冲锋，想渡河就不难了。

绝斥泽，惟亟去无留，若交军于斥泽之中，必依水草而背众树，此处斥泽之军也。

次述泥泞地带的战法。当横断交通困难的泥泞地带时，宜急速通过之，不可停留。倘若不得已在这种地带交战，必须占据水草繁盛之地，又以森林为背，为得地利。

《孙子兵法》详解　165

【斥泽】斥是含有咸分海滨之地，或湖边的沮洳之地；泽是低地，水草生长之地，故斥泽可解为交通不便的泥泞地带。行军于这种地带，因为地气潮湿，不独人马易病，且车马亦难发挥其机能。第一次世界大战时，俄军在东普鲁士遭兴登堡将军的猛击，惨遭大败，即由于此。

平陆处易，而右背高，前死后生，此处平陆之军也。

次述平陆战法的要领。平陆是平原或平坦之地，但地形自有高低及河川、断崖、树林等物。在这种地带行军，当交战时，宜占领交通自由与便于立足的地点，右背高阜地以布阵，更宜前控河川、断崖等地形的死地，使敌前进困难，后接运动便利的生地，以利我退却。

【右背高】以丘为右，是为防御右侧的射击，并便于左侧的正面射击。北村佳逸漫游中国时，闻老儒说："强弩是用左足踏弓，左手拉弦，右手放矢，正面稍左而向敌人射去。"

西方古代兵法

马基雅维利的《兵法》上说："占领高地，决不可舍营于其倾斜面或山麓。因为敌如从背后山上攻来，则我将无所倚靠。当配备军队以战斗时，应注意风向与日光，若眩惑于光线，则射击的命中率降低，向风则以沙尘的吹扬，而妨碍行动。汉尼拔在坎尼之役，马略与鲁米利亚人交战时，常注意此点。"骑兵之数，少于敌时，宜利用葡萄园、障壁等障碍物。西班牙兵在那不勒斯王国的切里尼奥拉击破法军，就是用这种手段。

凡此四军之利，黄帝之所以胜四帝也。

上述在山谷、河川、斥泽、平陆使用的四种战术，黄帝曾活用之以取胜于四方僭帝，统一天下。

孙子的文癖似老子

孙子的战争哲学，渊源于老子，但不入于玄，此为各学者的共同意见。他们不独原理相契合，文癖亦相似，如俱多用以、故、能、善等字。孙子对于警句加以押韵，亦为类似之点。老子的哲理，渊源于黄帝，这也许是孙子提及黄帝的原因。

张预说："黄帝始立，四方诸侯亦称帝，以此四地胜之。按《史记·黄帝本纪》云：'与炎帝战于阪泉，与蚩尤战于涿鹿，北逐荤粥。'又《太公六韬》言：'黄帝七十战而定天下'，此即是有四方诸侯战也。兵家之法，皆始于黄帝，故云然也。"

凡军好高而恶下，贵阳而贱阴，养生而处实，军无百疾，是谓必胜。

大凡军队的宿营，尚高爽地，而忌卑湿地，又贵向东南而嫌对西北，且宜位于粮秣丰富的地带，以为养生，这样军中便无疾病发生，人人健壮，驱之作战，当然可以胜操左券。

【好高恶下】高地除空气新鲜，没有湿气，利于宿营外，还便于观察敌情及射击敌人。【贵阳贱阴】阳指东南，阴指西北。在战术上亦可解为贵交通便利之地，而贱不便之地；在精神上亦可解为贵振奋旺盛，而忌沉滞萎靡。但在此则以就方向上解释为恰当。【养生处实】养生是保持身心康健，处实是处于粮食给养容易的地带。

《作战纲要》

这节可以说是就军队的卫生而言的,《作战纲要》说:"驻军间各级指挥官,为增强军队战斗力,应使士气日益振作,努力于保健防疫及防毒等事项,使卫生设施完备,得以克服不良之环境。"

现代医药发明之功

这是要我们切实顾虑到卫生。现代医药的发明,已使军队中的卫生状况大为改进,因病致死者已逐渐减少。美国马歇尔将军于第二次世界大战胜后著《致美国陆军部二年报告书》中说:"若以此次战争之非战斗原因死亡率与已往之战争比较,则其差度至为显明矣。当墨西哥战争时,每年军官及士兵死于病者居10%;至南北战争之联合军方面,则减至7.2%;西班牙战争与菲律宾暴动时,又减至1.6%;第一次世界大战时为1.3%;此次战争则仅居0.6%。"总之,第二次世界大战中美军病死的减少,可以说是医药进步之功,如盘尼西林、DDT及各种特效针药的发明;其次由于医药治疗及军事外科水平的进步,即美军在第二次世界大战中,因受伤致死的死亡率,亦比第一次世界大战降低一半以上,且使58.8%以上的伤兵,得以康复重返战地。

丘陵堤防,必处其阳,而右背之,此兵之利,地之助也。

当行军于丘陵堤防时,其宿营必须选择东南方向(冬暖夏凉),且以之为右背。这样,既可保持士兵的健康,又可以用作掩护(障碍物),这是用兵之利,同时也是得地利。

上雨，水沫至，欲涉者，待其定也。

又当军队渡河时，上流降雨，其先流下泡沫，这是水势泛滥而来的征候。这时，徒涉部队，应采取慎重态度，待其水势平定，方可渡河（此项可以归并于"处水上之军"的文中）。

凡地，有绝涧、天井、天牢、天罗、天陷、天隙，必亟去之，勿近也。吾远之，敌近之；吾迎之，敌背之。

大凡在地形上，有六种危险的障碍物：
一、绝涧——绝壁断崖的溪谷。
二、天井——四高中陷的凹地。天为天然意，下同。
三、天牢——山林环绕，易入难出，好像牢狱一般的地带。
四、天罗——荆棘丛生，进退不能自由，刀剑弓矢不便运用，好像罗网一样的地带。
五、天陷——非常卑湿，泥泞又多（如泥沼等地），人马难行，好像陷阱一样的地带。
六、天隙——道路狭隘，坑沟多的地带。

半打障碍物

这半打障碍物，在用兵上是极危险的。若遭遇之，必须迅速离开，不可接近。至不得已而在这种地带战斗时，我须远离之，使敌接近之，且我以之迎击于前面，使敌不得冲锋通过，并使其控于敌人的背后，而牵制其行动。总之，本节是说要使敌立于不利的地位，而我则站于有利的场所，以一再的战胜，而把敌人打进于这六害的危地。

军行有险阻、潢井、葭苇、山林、翳荟者,必谨覆索之,此伏奸之所处也。

进军时,在路旁,倘若遭遇险阻,或潢井、芦苇、森林、草木遮蔽的地带,必须慎重反复搜索它、监视它,因为这种地带,适成为敌的伏兵或侦探藏身之所。

【险阻】要隘之地。【潢井】潢是池,井是深坑。【葭苇】芦苇之类。【翳荟】草木丛生之处。

本节以下是相敌,即判断敌情的方法。

敌近而静者,恃其险也;远而挑战者,欲人之进也;其所居易者,利也;

两军迫近,敌人的军容仍静肃不动的,这是恃其地形的险要。敌人还未到达开战的适当地点,便远来挑战的,这是欲诱我进而为彼所击破的手段。敌军不据险要,改择易受攻击的平地(易)而布阵的,这是在以利诱我。

众树动者,来也;众草多障者,疑也;

望见矮小的树林动摇,这是敌人前来攻我的征候。敌人在林边多置结草(如今之伪装工事),这是在使我疑有伏兵,而不敢前进。(三国时诸葛亮曾有结草人置船上借箭的故事。)

鸟起者,伏也;兽骇者,覆也;

鸟儿突然从林中飞起,其下必有敌人的伏兵。野兽骇然从山林里奔出,其中必潜行着敌人的奇袭部队。

尘高而锐者，车来也；卑而广者，徒来也；散而条达者，樵采也；少而往来者，营军也；

尘埃高扬而尖锐的，这是敌人的主力——战车队来攻的征候。尘埃低扬而广播的，这是敌人的徒步兵来攻的征兆。尘埃分散于各处，像树枝一样地向上伸展，这是敌人的炊事部队在采薪。尘埃少扬，且散见敌兵（斥候）往来其间，其后必是工兵队从事舍营工作。

辞卑而益备者，进也；辞强而进驱者，退也；轻车先出，居其侧者，陈也；

战时，两方使者往来，本是常例。但敌人派来使者，其言辞很谦逊，而另一方面却加紧备战，这是前进之兆。反之，言辞强硬傲慢，示以前进之势，这是企图退却的征候。望见敌的战车，先离行军序列，作侧面分进，这是敌欲寻找阵地或开始战斗之兆。

无约而请和者，谋也；奔走而陈兵车者，期也；半进半退者，诱也；

使者没有提出确实担保交换条约，仅以口头请求和议，这是敌人的诡谋，或借以松懈我军而得乘隙，或借以缓和我军攻击而待援军（例如一九四一年日本东条内阁派来栖三郎到美国参加美日和平谈判，而发动太平洋战争）。敌军奔走（如传令等），急于兵车等布阵，这是准备与我交战。敌军半部前进，半部退却，态度暧昧，这是引诱我的行为（诸葛亮的半进半退之阵，是其例证）。

杖而立者，饥也；汲而先饮者，渴也；见利而不进者，劳也；

倚杖（如枪戟类）而伫立的，是因为肚子饥饿，没有气力。汲来的水，争先取饮的，是因为长途行军，天热口渴。见有取胜的机会，或有可取的战利品，都不进兵的，是因为疲劳已极，没有进击的精力。

《孙子兵法》详解　171

鸟集者，虚也；夜呼者，恐也；军扰者，将不重也；旌旗动者，乱也；吏怒者，倦也；

飞鸟群集于敌营上或其旁，是因其中空虚，敌兵已经撤去。在夜中放声高呼的，是由于无勇力弱，恐其夜袭，不能安眠，陷于神经衰弱的状态。军中纷乱，没有秩序，是由于将帅威严不足，不得部下的悦服。旌旗摆动不定，是由于队伍混乱，士气不振。军吏之所以怒骂，是由于士兵疲倦，不听号令。

粟马肉食，军无悬缶，不返其舍者，穷寇也；

杀马而食其肉，是敌军缺乏粮食之故。悬缶（土锅）于壁上或树枝上（即抛弃炊器意），又不返其舍，而卧于野外，这是欲求一战以脱死地的穷寇。

谆谆翕翕，徐与人言者，失众也；数赏者，窘也；数罚者，困也；先暴而后畏其众者，不精之至也；

军官和部属说话，其样子是慢慢的（徐），反复叮咛的（谆谆），而且神气很颓丧的（翕翕），那是失了人和之故（原来军官下令应是简单明了的）。对于部属连赏了数次，以谋怀柔之，这是已窘于对部属的统率，即部属各要离去，故姑赏以留之。又，连罚了数次的，这是已困于对部属的统御，即部属不服从法令，故特严罚以戒之。最初对待部属极其残暴刻薄，弄至部属各思离去，然后畏怕之，将就之，这是太不懂将兵之道。

军官的条件

上述数项，不外指劣等军官而言，劣等军官是不会将兵的，得不到部下的信任的。由此可见主将任用各级军官，必须选拔有才有德者。鲁登道夫曾说过："军官既为全军之表率，故应有其特具之武德与标准的生活。当第一炮发声之日，全军先注目于军官，部下对于他们的信心如何？——第一，视其是否了解士兵心理，而予以适当的指导；第二，视彼等是否注意部下的疾苦，而不致先己后人；第三，视其平日对士兵的训练如何，对士兵能否公平执行纪律，而信任尤为纪律之基础。……军官之所以为人表率，不只因为他们在队伍中，和士兵有上下级的权力关系，是因为其知识道德足为人模范，而又能了解士兵心理，然后能为其真正的领袖。不是这样的人，因为等级关系而相安于一时。在长时间之总体战中，绝难以持久。"

来委谢者，欲休息也。兵怒而相迎，久而不合，又不相去，必谨察之。

敌军遣使带来礼物道谢，请求休战的，这是他们想暂时休息，以图再举。敌军声势汹汹地杀来，经久不和我军决战，又不退却，这是敌人抱有别种奇谋，而我军必须慎重审察，不可堕其狡计。

相敌休息进军

《吴子》上载："武侯问敌必可击之道，起对曰：'用兵必须审敌虚实而趋其危。敌人远来新至，行列未定，可击；既食未设备，可击；奔走，可击；勤劳，可击；未得地利，可击；失时不从，可击；旌旗乱动，可击；涉长道，后行未息，可击；涉水半渡，可击；险道狭路，可击；陈数移动，可击；将离士卒，可击；心怖，可击。凡若此者，选锐冲之，分兵继之，急击勿疑'"。

兵非益多也，惟无武进，足以并力、料敌、取人而已。夫惟无虑而易敌者，必擒于人。

兵不贵多，多而不精，无济于事。又，进兵不可以武勇为恃，务要做到上下一致，充分判知敌人的企图，以期击败敌人。反之，没有深谋远虑，且轻视敌人，势必为其所俘虏。

本节文章似不大完全，有人怀疑漏了字句。【武进】亦有解为武断进军意。【易】为轻视意。老子说："祸莫大于轻敌。"《论语》说："人无远虑，必有近忧。"

卒未亲附而罚之，则不服，不服，则难用也；

士卒对于将帅还未十分信赖，而将帅仓促施以严重刑罚，勉强其服从，士卒不会心服，未得心服，则难用以作战。

卒已亲附而罚不行，则不可用也。

又，士兵对于将帅既有相当的信赖，而将帅怛于仁慈，应施刑罚而不施，于是士卒必骄且怠，也不可用以作战。

故令之以文，齐之以武，是谓必取。

所以对部下士卒要待之以文德——仁爱恩情；而整齐之，纳其于正轨，则以武德——威严刑罚（纪律）。这样，士卒亲附，不敢犯法，驱之作战，必可取胜。这叫作"必胜军"。

本节亦有解释为"令之以文"，即教以孝悌忠信之道（政治教育）；"齐之以武"，即教以战斗之法，即用军纪（军事教育）约束。

吴子说："总文武者，军之将也。"《史记·司马穰苴列传》说：

"文能附众，武能威敌。"《步兵操典》说："军纪是军队的命脉，军队必须有严肃的军纪，之后精神上的团结力得以巩固，战斗力的持久性得以确保。"

令素行以教其民，则民服；令不素行以教其民，则民不服。令素行者，与众相得也。

政令素行的元首或政府，征集国民施以军事训练，为交战之用，国民必悦服；倘若政令平素没有身体力行，纪纲废弛，而欲训练国民以为交战之用，国民必不悦服，各怀怨心。总之，政令素行的元首或政府，方得民服，一致备战，共赴国难。

政令与教民

这一节是孙子就政治而言，与《始计》篇说"道者，令民与上同意也，故可以与之死，可以与之生，而不畏危"相呼应。诚以政治之良否，影响征兵练兵之事至巨，看我国这次抗战，可想而知。但亦有解释为此段言主将对部下士卒之事，即是说主将能以身作则，遵守纪律，则士卒方肯守纪律，受训练。正如鲁登道夫将军说："然军纪云云，不只是士兵应该遵守的，同时上级长官，甚至是直接受主帅领导的著名的将军也应当遵守。这些长官应该遵守军纪，立于同样的上下级服从关系之下，同时他们不应失却其独立行动，与身为人先的精神。"

孔丘说："其身正，不令而行；其身不正，虽令不从。"

子夏说："君子信而后劳其民，未信，则以为厉己也。"

地形第十

本篇为《九变》《九地》的姊妹篇。孙子先把战场分为六种，论其性质与战法。次从军队的素质上分败兵为六种，唤起将帅的责任心。最后又论知己如彼，加入知天知地作为"全胜"的要诀，以尽《作战》篇的余意。

孙子曰：地形有通者、有挂者、有支者、有隘者，有险者、有远者。

这是孙子对地形的分类，计有通形、挂形、支形、隘形、险形、远形六种。

我可以往，彼可以来，曰通。通形者，先居高阳，利粮道，以战则利。

彼我的军队俱便于往来之地——土地平坦，四通八达，叫作通形。对于这种地形，宜先于敌人占领高峻而面向东南之地，并对后方的粮道，严加警戒（求其安全），加上注意敌人的迂回等而作战，即为有利。

《作战纲要》为证

在交通便利之地，应注意的是侧方与后方。《作战纲要》说："战斗间，最危险的是'侧方与后方'。所以高级指挥官在决定战斗部署时，须预先除去这类危险，或为此妥定应对之策，预防危险于未然。各部队的指挥官，亦须按照上述要领讲求警戒处置，当地形便于有优势的敌军机械化部队及骑兵活动或便于敌军伞兵降落等时，须亘战斗之全经过，加以所要之戒严，且讲求适宜应对的处置。"

可以注，难以返，曰挂。挂形者，敌无备，出而胜之；敌若有备，出而不胜，难以返，不利。

向敌进攻容易，退却则难的地方，叫作挂形。在这种地形中，倘若侦知敌人没有防备，则可出击而胜之；反之，敌人时加防备，而我军冒险出击，既难取胜，又难退却，结果必造成莫大的不利。

【挂形】挂为悬挂意，即往则顺，返则逆，后高前低之地，例如我布阵于山腹，而敌处于前面的位置。又可解为渡河而攻击敌人的场合，或非进出隘路则不能攻击平地之敌等。又有人评为：日军过去进攻我国，深入内地至于太原、洛阳、宜昌等地，正陷于此所说的挂形之地。虽我国因兵力悬殊，未能将其歼灭，但最后日军屈于美国原子弹，便作全面投降了。

我出而不利，彼出而不利，曰支。支形者，敌虽利我，我无出也；引而去之，令敌半出而击之，利。

彼我出击俱不利的地形，叫作支形。在这种地形，敌虽以利（如

《孙子兵法》详解　177

弱卒、佯攻等）诱我，我决不可上其当——出战；宜引军他去，以诱敌人出击，俟其一半通过此地时，急速反攻之有利。

【支形】为彼我两军可以互相利用以巩固阵地的地形，例如两阵地之中挟着沼泽湖河，或双方十字交叉火网之原野等。

隘形者，我先居之，必盈之以待敌；若敌先居之，盈而勿从，不盈而从之。

隘形之地，即隘路，倘若我先敌占领其地，必须塞其隘路口，即扼守其隘路口，以之为据点而待敌为宜。倘若敌先我占领此地，且以充实兵力扼守，则我不可轻率地进攻，以免堕其术中。若敌扼守不完全，即兵力的配备有弱点，宜向其弱点攻击。

【盈】同满，在此处为布满兵力扼守意。【从】攻击意。【隘形】非限于隘路的出口，亦含山中的狭隘处，即隘路内的战斗。这种战法，在步枪、大炮、飞机未发明，单凭密集集团——肉弹的冲破力而战斗的古代，如果敌在隘路的兵力充实时则避之，不充实时则击之，那是对的。又就海洋而言，例如地中海的直布罗陀海峡、土耳其的达达尼尔海峡、马来半岛的马六甲海峡等，均可称为世界的隘形之地。

险形者，我先居之，必居高阳以待敌；若敌先居之，引而去之，勿从也。

险阻的地形，不适于大兵的运动。倘若我先敌占领之，必须占据其南面的高地（便于展望与射击之地）以待敌；倘若敌先我占据此地，则我必须引兵他去，不可作正面攻击，即是说，应采取迂回机动的别种作战。

《作战纲要》

在险峻的山地作战，应占据高阳之地。《作战纲要》亦有同样主张："山地战斗，无论攻防，均须占领可以瞰制敌人之要点，能占领最高点，则虽少数兵力，亦有俯瞰敌方动作，挫折敌人志气之利。"

关于"引而去之"，《作战纲要》说："山地攻击，须力图迂回以达成其目的。若状况许可，则以一部牵制正面之敌，主力行大规模之迂回。"

总之，孙子所谓"引而去之"，是主张采取机动的用兵法，而戒倾全力从正面攻略。

远形者，势均，难以挑战，战而不利。

远形是两军远挟着中间地域，如日美之于太平洋，日俄之于西伯利亚，遥相对峙的地形。这种地形，两军的兵力相等时，也难远往挑战，而谁先发动战争，谁就立于不利地位。

人为力量的可怕

日俄之战，俄国拥有庞大的陆军，当时曾震骇了全欧，但因战场是"远形"的，鉴于运输的困难，未能抽调优势兵力来应战，遂为日军打败。美日之战，美国虽处于"远形"，但美国以生产力的雄厚，准备的充分，乃使用其优势的陆海空军，两栖部队，由逐岛攻击到越岛攻击，把日军打得落花流水，无从抵抗。由此可见人为力量足以克服自然的障碍，更可见一国不能专恃河山的险固以防御敌人，所恃者应为伟大的科学力、工业力。

凡此六者，地之道也，将之至任，不可不察也。

上述六种地形，是利用地形的自然道理，而能活用与否，此为主将者责任之所在，故为主将者遇此等地形时，非深加审察研究不可。

故兵有走者、有弛者、有陷者、有崩者、有乱者、有北者。凡此六者，非天之灾，将之过也。

今就败兵分为走兵、弛兵、陷兵、崩兵、乱兵、北兵六种，但这六种败兵的形成，绝不是天时地理的作祟，完全是为主将者不懂用兵的罪过。

日本汉学家公田连太郎说："这节是承上文所说六地的利害，而说六种败战之道。胜败不一定仅取决于地形的利害，而取决于人事犹多，此为说人事。"

夫势均，以一击十，曰走；

彼我的军队，其素质、训练与武器钝锐及各种条件均略相匹敌，而为指挥官者，意气用事，竟以仅有敌十分之一的兵力往击之，如以卵投石，必致败走，这叫作走兵。

卒强吏弱，曰弛；吏强卒弱，曰陷；

士卒强勇，而军官懦弱，不能发挥统辖制驭之权，致使军纪废弛，这叫作弛兵。反之，军官强勇，而士卒懦弱，即军官勇进，士卒不能伴随，这种士卒，倘若带往作战，必致望风而靡，弄得军官身先战死，全军亦覆没，好比投于陷阱一样，这叫作陷兵。

【吏】指下级军官。

大吏怒而不服，遇敌怼而自战，将不知其能，曰崩；

主将不知大吏（上级军官）的才能，用之不得其当，以致其愤怒不平，不受管制，及遇敌时，徒逞私怨，各自为战，演成全军好像山崩一样地溃败，这叫作崩兵。

【怼】心中怨恨意。

将弱不严，教道不明，吏卒无常，陈兵纵横，曰乱；

主将懦弱，毫无威严，对士兵的训练（军事教育）不精，且滥自变更军官与士卒的职务，致使布阵时或纵或横，毫无秩序，这叫作乱兵。

将不能料敌，以少合众，以弱击强，兵无选锋，曰北。

主将缺乏智谋，误于敌人战斗力的推算，竟用寡兵与敌人的众兵合战，以怯弱的兵众击强勇的敌军，且在军的先锋又没配置选拔部队（劲卒），以致不能坚持作战，仅望见敌人就后转而逃，这叫作北兵。

【选锋】是选拔部队，即昔日欧洲所谓"选拔兵"或"掷弹兵"，如拿破仑的老近卫军。在日本，如新田义贞的中坚士，或诸将的旗本士，又如织田信长的赤幌众、黑幌众，丰臣秀吉的黄幌众，即特种幌士。在近世，这种特种部队，尤有使用。总之，这是为先挫敌锋，或为突破重要阵地，或为驰援陷于死地的友军而使用的。若以对照近世的战况，亦相当于强力的预备队或飞机队、战车队、炮兵队。假设误了敌情的判断，以少合众，以弱击强，而有可供驰援的强力预备队或飞机队、战车队、炮兵队，也不会败北。

凡此六者，败之道也，将之至任，不可不察也。

上述六项，都为取败之道，而如何讲求避免之，此为主将者责任之所在，故非详加审察不可。即是说：第一项要量力；第二项、第三项则军官（各级干部）与士卒要妥为配合；第四项要谋高级指挥官与下级指挥官的融合；第五项要能御下；第六项要能正确判断敌情。

吴子说："昔之图国家者，必先教百姓而亲万民。有四不和：不和于国，不可以出军；不和于军，不可以出陈；不和于陈，不可以进战；不和于战，不可以决胜。"

夫地形者，兵之助也。料敌制胜，计险厄远近，上将之道也。

地形之利，不过是用兵上的补助要素。说到用兵的根本，第一位在于先知敌情，对之而定胜算，等到交战时，又精密计量地形的险厄，彼我距离的远近等，以求易胜，这是主将（高级指挥官）唯一的任务。

知此而用战者必胜，不知此而用战者必败。

此指上文，故知此而善用者战可取胜；反之，必打败仗。

故战道必胜，主曰无战，必战可也；战道不胜，主曰必战，无战可也。

为主将者的权限责任，于此更应特别注意的，即：主将在战场上，律以战法（基于敌情地形的判断，所定的战略战术），已有必胜的把握，元首（君侯）虽下令勿战，但不顾命令，实行作战，是可以的；反之，律以战法，不能取胜，元首虽下令必战，主将如果认为战则必败，纵不奉行，也是可以的。

鲁登道夫言之过火

孙子在《孙子兵法》一书中，屡次说元首不可以干涉战场上的军事，主将在战场上应有至高独立的权力。但鲁登道夫却比孙子更进一步倡导，战时主将不仅应该有军事方面至高独立的权力，而且应该有指挥政治的权力。他在《总体战》一书上说："凡人之胜任主帅者，即应立于最高之地位。反是则于战争有害无益。唯有居于此最高之地位，其行事乃有统一性与强力性，而后能歼灭敌人，以维持民族之生存。彼之行事范围，无所不包，犹之全体性战争之无所不包。关于国民生活之全部范围内，主帅为其决定者，主帅之意志，即为一切之标准。"又说："凡战斗力之各部分，成立于主帅命令之下，主帅即对于陆军部长与内阁总理之意见，亦得有所制裁，此乃世界大战中之教训，而无可疑者也。主帅之地位，应无所不包，无所不管，其地位与腓特烈大帝同，乃余之主张。"再说："主帅应定下政治方面之大方针，使政府切实施行，以为作战之后盾。"其实，政治与军事不应分立，政治家与军事家应融合一致，这是对的。尤其在今日民主国家里，实行"以政治军"，正与孙子的道理完全吻合。至说于主将应控制内阁，支配政治，虽免弊病百出，但动辄发动战争，陷国家于万劫不复之境。因此，鲁登道夫便被人骂为"言之过火""无聊的军国主义者"。而孙子的主张，至今更见正确。

故进不求名，退不避罪，唯人是保，而利合于主，国之宝也。

进退指军的进退，即上述的必战与无战。故在战场上，进军不为立勇功、求智名，退军也不畏避违背君命之罪，只是专心一志以谋士兵（人）的安全，而求有利于元首或政府为务，像这样纯忠至诚的大将，真是国家之宝！

孙子要受英美人民爱戴

孙子如生在今日的英美，他必得英美人民所推崇和拥戴，因为他主张"唯人是保"。今日英国的人口很少，即美国的人口也不算多，而且士兵多为富家子弟，生命自然极为宝贵；故在作战上以"保人"为第一义，宁可抛弃无数武器，不愿牺牲生命。如无必胜的把握，或万不得已，亦绝不作最后的牺牲。即巴顿将军（第二次世界大战中的美国名将）因打了一个伤兵的耳光，犹遭国会反对。虽然，战争之事，不能无牺牲，不过能以最少的牺牲而换得最大的战果，甚至"不战而屈人之兵"，那是最理想的，这也是良将之所以为良将的原因。至于庸将、劣将视士兵如鸡犬，只为求个人的功名富贵而驱使他们去当炮灰，白白送死，那真是罪不容赦了。

孙子是老子理想的实践者

又，孙子所谓"不求名"，他不仅发此言，且是此言的践行者。彼为吴将，陷楚首都，震撼齐晋，树立稀世之功，其功则归于上官伍子胥，而不求名，所以《左传》上，不载孙子之名。但孙子全寿以终，伍员却被赐属镂（剑名），强迫其自杀，用马革裹尸，投于钱塘江。孙子于人事上真敏于见机了，又足见孙子的出处进退，是老子理想的实践者。

视卒如婴儿，故可与之赴深豀；视卒如爱子，故可与之俱死。

为将者倘若待遇士卒，好像慈母的爱抚婴儿或爱子一样，则士卒要投死于深豀时，他们也必一块儿跟着；士卒要去拼命时，他们也一定同去。生则俱生，死则俱死，不逃避，不投降。

本节为叠句的同一意义。汉李广与士卒同甘苦，故士卒各愿为其拼命，屡败匈奴，可为证明。

证之老、孟之话

老子说："慈故能勇……舍其慈且勇……死矣。夫慈，以战则胜，以守则固。天将救之，以慈卫之。"孟子说："天时不如地利，地利不如人和。……得道者多助，失道者寡助。寡助之至，亲戚畔之；多助之至，天下顺之。以天下之所顺，攻亲戚之所畔，故君子有不战，战必胜矣。"又说："君行仁政，斯民亲其上，死其长矣。"再说："君之视臣如手足，则臣视君如腹心；……君之视臣如土芥，则臣视君如寇雠。"彼此对照，更觉真理显然。

厚而不能使，爱而不能令，乱而不能治，譬若骄子，不可用也。

反之，厚恩士卒，竟不能驱使之；爱抚士卒，竟不能命令之；甚至士卒不守军纪，也不能正以刑罚，这都是因为平素厚爱姑息太过所致，即不懂恩威并用。总之，这种士卒正同那放荡不拘的骄子一样，万不能用以作战，战则必败。

知吾卒之可以击，而不知敌之不可击，胜之半也；知敌之可击，而不知吾卒之不可击，胜之半也；知敌之可击，知吾卒之可以击，而不知地形之不可以战，胜之半也。

已晓得我军可以攻击敌人，而不晓得敌人有可击的弱点，这仅得胜算的一半（胜五分，负五分）；反之，已晓得敌人有可击的弱点，而不晓得我军不足以攻击敌人，这也是仅得胜算的一半；又，已晓得敌人有可击的弱点，及我军足以攻击敌人，却不知地形对于我军不利，依然仅得胜算的一半。总之，本节是说知己知彼及知地，方能得到十足的胜算。倘若仅知其一或其二，而出于作战，则胜败相半，谁胜谁败，等于未知数。

故知兵者，动而不迷，举而不穷。故曰：知彼知己，胜乃不殆；知天知地，胜乃不穷。

通晓兵法的良将，由于知己、知彼、知天、知地，所以凡有举动，即对于战争的计划及行动，便可以不犯错误，且能千变万化，层出不穷。故可得出结论：晓得彼我的实情以作战，固可确保胜利；益以晓得天时与地形，可以得到万全的胜利。

战胜要诀

孙子开始在《谋攻》篇说："知彼知己者，百战不殆。"最后更在《用间》篇说侦知敌情与全军作战的密切关系，而以最强力的言辞出之："此兵之要，三军之所恃而动也。"这是何等重视"知"！于此篇又说："知彼知己，胜乃不殆；知天知地，胜乃不穷。"总之，这是把知彼、己、天、地的四位一体，当作战胜的要诀的。下面我且举出一些战例来：

拿破仑远征的失败

拿破仑远征埃及，因为不知气候那样的酷热，不得已地回师了。他进击莫斯科的惨败，也是因为不知天地，尤其对于俄国的地质没有进行实际调查，为其最大缺点，当进军于泥泞潮湿之地的时候，被迫捆束树枝，仓促造路以通炮车，但通过后树捆便解裂了，遂使运输粮秣的辎重车辆不能前进。像那样才智盖世的拿破仑，竟克服不了自然的阻力，在全军与敌人主力未交战前，饥饿就已袭来了。

丰臣秀吉的周到

对于天地的透视，是丰臣秀吉的伟大之处，当攻击小田原城时，他已算到粮秣（大军所赖以给养）输送的不容易，因此计划从海上输送。为渡有名苦海的远州滩，特择于波平浪静的春天进行运输，这是丰臣秀吉的周到之处，同时亦可谓其为善于知己、知天、知地的了。

原田的知天、知地、知彼、知己

此外，尚有知天地彼己，且善于利用天时者，如原田种之所导演的"一二八一年之战"。日军凭文永之战而领略蒙古军战法，又深知与彼对抗的己方实力，更由防守九州，亦已试验完毕地形上的价值，所以知彼己地三者的日军，所剩下的仅是天时问题了。然而原田种之，彼不仅知天，更进而将之利用于战略上。

天之战略的利用是怎样的呢？尽人皆知，日本有所谓"二百十日"前后（七月间）之飓风，原田种之以此足以瞒过渡海而来的蒙军，可一举而杀灭之，其明其智，真足惊人！

日军的守备司令官原田种之欲利用这飓风的作战计划是一贯的，为先使蒙兵一步不能踏入日本的国土，便在北九州一带的海岸筑起堡垒来。

一二八一年夏五月，蒙军的兵舰数千，旌旗蔽天，浩浩荡荡而来，日军便以轻舰奇袭又奇袭，强袭又强袭，出其死力而抗拒彼的上陆。不独抗拒，而且逐次将蒙舰穷追于松浦海上的孤岛——鹰岛，鹰岛对于种之在战略上欲利用天时有何关系呢？

原来鹰岛是低气压中心所常通过之处，而且潮流急激，航行困难，是天与地的最险之境。

在这样历经数旬之久的连战连斗后，被驱逐的蒙舰，愈照彼预定计划而集中于鹰岛，种之快哉大叫："贼多集于鹰岛之风角，待着鏖战之期吧！"果然，七月之晦，狂风暴雨袭来了，蒙舰数千好像树叶般被打得翻覆破碎，人马漂溺无算，威风凛凛的十万雄兵，结果生还者仅得三人，后世日本人把这次狂风叫作"神风"。

（以上是大场弥平的话。可笑得很！日本人过去偶乘风力以覆败蒙舰蒙军，便扬扬得意，命其名为"神风"。但到这次太平洋之战，知此种"神风"，已成过去，乃改用飞机作决死的进攻，取飞机队名为"神风队"以制美舰美军，冀阻止其登陆，再来一次大捷。但精神的幻想，终敌不住高度科学的利器，即无从阻止美舰美机的进攻，及原子弹的投掷，只得无条件投降，不知今日日本人将何以解嘲？）

希特勒征苏的失败

"知天知地"不但在古代军事上占重要的地位,而且在现代依然足以影响战争的胜败。像在第二次世界大战中,希特勒进攻莫斯科的失败,主要即由于"冬将军"作祟,正如美国马歇尔将军《致美国陆军部二年报告书》上说:"德国最高统帅部对冬季作战全无准备,不期气候骤然一变,德军遂罹浩劫。由于红军的抵抗及一九四一年圣诞节前后之大风雪与不适时令之严寒,德军战略遂告失败。"

盟军登陆的成功

又像盟军登陆诺曼底,艾森豪威尔将军事先曾派员到该处海滩取回砂石及黏土试验,研究其应力的大小,计算其可载的重量,以准备适切的登陆武器。且知该处无可供登陆的码头,乃决由英国建造两个人工海港,以减少障碍。这是关于"知地"的。至关于"知天",据马歇尔将军于同书上,亦有一段的叙述:"至于进击之标的日期与时间之选定,则须对于气候、潮头、光线三种有利元素之合并作一种精密的预测。欲期空中活动之有利于进行,自以月光之夜可取,于是选定其日为六月五日,嗣以气候清明而不甚利,乃更定为六日。数百舰艇,由英格兰西岸之远港出发,皆已将近进攻地区矣。此等舰艇集中于南岸,皆须由于僻径而来,或设法寻找掩蔽,此最后决定之标的预料其必有大风,且海中巨浪犹未息,然欲择一潮头与月光俱利的另一时机,势必延缓至数星期之后。于是艾森豪威尔上将遂作前进之命,定决意矣。"由于此举出乎德军意料,遂得乘虚击破德军防线,取得诺曼底登陆的伟大胜利,直捣德国的"欧洲堡垒"。

九地第十一

本篇可看作《九变》《行军》《地形》诸篇的补遗。其中反复论述九种地势的活用法,用兵贵因士卒自然之情,"投之亡地然后存,陷之死地然后生",便是本篇理论的重心。

孙子曰:用兵之法,有散地、有轻地、有争地、有交地、有衢地、有重地、有圮地、有围地、有死地。

在用兵之法上,关于地势可分为九种,即散、轻、争、交、衢、重、圮、围、死的九地。

前篇是说地形的常态,举出六种地形;本篇是述地势的变化,揭出九种地势。前后篇有密切关联。又,本篇所述的九地,除列入《九变》篇中的圮地、衢地、围地、死地外,另加五地。然所谓九地或地势也者,仅为本篇的外貌,非其核心,而全篇所论要以精神为主,即如何把握士兵的心理而利用之,读者往下研究,便可了然。

北村佳逸说:"九地是论各种地势,即研究人地合一。其实离开土地便没有战争。军舰要有根据地，空军要有飞行基地，不论空军或海军均可以说是地上战的延长。"

以下是关于九地的说明。

诸侯自战其地，为散地；

本国为敌侵入而与敌战于境内，叫作散地，即兵心离散，不能专一作战之地。

民族战则不然

【散地】指在本国领土内作战而言，其所受失之大，像地方被蹂躏，人民被残杀与财产被焚掠，这是人人皆知的。至说兵心离散一层，也许在春秋之世的同胞之战，充满着这种现象。但是在现代民族战争中，以民族思想的普遍与澎湃，这种现象已不似以前的严重，倘若再加以政府的巧妙宣传，则士兵必可同仇敌忾，为图自己的生存，为谋民族的解放，而更加团结起来，燃烧着必死的斗志，而抗战到底。

入人之地而不深者，为轻地；

进入敌国尚浅之地，叫作轻地，即士卒的觉悟心尚轻，由于望乡思家之念切，与忧虑前途之心深，动辄出于逃遁之地。

我得则利，彼得亦利者，为争地；

某种重要地盘或地点，为我军先占据之，则可导致战局于我有利，同样，敌先取之亦利，这种地方叫作争地。

今日之争地

【争地】是敌我相争的重要地点，如古代的散关、潼关等。至在现代战上，如军需工业城市、金融中心地等，亦可称为争地。

争地是具有战略价值的要地，如我国东北，过去成为日苏的争地，今日又成为美苏的争地，倘若美苏他日交战，自然以谁先占领此地为对谁有利，这是我国当局应知要处置和应对的。

我可以往，彼可以来者，为交地；

敌我可以自由往来的平原，叫作交地，即在交通上有互相便利的地形。

【交地】为彼我往来之处，如国境是，但须有交通自由的条件。如德法国境是交通自由的，所以自拿破仑战役，一八七〇年普法战争，以至第一次世界大战及第二次世界大战，每一次都在这国境间，上演了惊人的战斗。

诸侯之地三属，先至而得天下之众者，为衢地；

诸侯之地——中立国。三属——接壤两三个国家，即介于我、敌及他国之间的中立邻国。这种邻国，谁能先与之交好，结成同盟，并取得其民众同情援助，便可导致战局于谁有利，这种地方叫作衢地。

【衢地】如我国战国时代，介于齐、楚、晋三国之间的郑国。又如第一次世界大战中的比利时，及巴尔干半岛的塞尔维亚、保加利亚、罗马尼亚等。

入人之地深，背城邑多者，为重地；
深入敌地，背后阻隔着重重城邑的这种难返之地，叫作重地。

在战史上，如白起攻楚，乐毅伐齐，均为重地作战。又如过去的日军进犯我国，曾深入风陵渡、宜昌、独山等地，亦属重地作战。

山林、险阻、沮泽，凡难行之道者，为圮地；
山林、险阻、沮泽以及一切难以行军之地，叫作圮地。

【圮地】圮同毁，足以毁灭军队之地。
《九变》篇所说"圮地无舍"与这项意思不同，已详于前。又，《行军》篇所说绝涧、天井、天牢、天罗、天陷、天隙等地，均可称为圮地。

所由入者隘，所从归者迂，彼寡可以击吾之众者，为围地；
进入的路径狭隘，退却时，必须取迂远之路，恰如大袋形的地势，故敌利用其天险，可以寡兵而击破优势的我军，这种地势，叫作围地。

围地与塞卦

【围地】是山川围绕，进退困难之地。此地虽似《地形》篇所说的隘形，其实不然，因为隘形可用作我军的要害，然而此地则难用为我军的要害。

《孙子兵法》详解　193

围地可当《易经》蹇卦的烦恼的地形。这卦，上为坎险，下为艮山，蹇是难意，堕入危险之地，则不能出（且前为险陷，有进不得之象）。故陷于这种危险之地时，若无大人（英雄）的英断，则将不能自救。

疾战则存，不疾战则亡者，为死地。

决意迅速突破敌线，则全军可生存，倘若踌躇逡巡，失去时机，则难免灭亡，例如受敌包围日紧，各方通路已被截断，或遇敌而无要害可守，或临敌而食尽等诸情形，均可谓陷于死地。

死地与否卦

【死地】如否卦，天气升而不降，地精降而不升，阴阳闭塞而不通。《易经》说："否之匪人，不利君子贞，大往小来。"又说："内阴而外阳，内柔而外刚，内小人而外君子，小人道长，君子道消也。"又说："君子以俭德辟难。"——虽是乏助的穷境，但舍身奋斗，却可以打开难关，死中求活。

吴子说："凡兵战之场，立尸之地，必死则生，幸生则死。其善将者，如坐漏船之中，伏烧屋之下，使智者不及谋，勇者不及怒，受敌可也。故曰：用兵之害，犹豫最大；三军之灾，生于狐疑。"

以下述关于九地作战指导的方略。

是故散地则无战，

散地以本国为战场，对我不利，已如上述，所以务要避免，而以敌国或第三国为战场。但万一被敌侵入，则以固守城塞，采取所谓"清野"之计，使敌人无所掠，又扰乱其后方的联络线等，使陷于孤立为宜。例如拿破仑深入俄国，因俄军坚壁清野之计，而遭败衄。

轻地则无止，

在轻地时，即在敌国边境时，宜长驱深入，不可停留，使士卒斗志专一，力量固结。此为主张在敌境内去找战场。至于亚历山大王与波斯名将麦慕安，亦认为在国外交战比在本国为优。即在今日，依然为颠扑不破的真理。

争地则无攻，

为敌我互相争夺的要害之地，倘若先为敌占据，我则不可向之力攻，因为所受的损失必大。此时，宜用机动部队使敌出战于争地以外之地，或攻击其他重要之点，使之赴援，方可乘争地之虚而夺之。例如第一次世界大战初期，占领了比利时的德军，顿时羽翼大张，在其所占领地，立刻筑成袭击英国伦敦的空军机场根据地，对协约军的作战给予无比的不利与威胁，弄得协约军对此方面的攻击，在地势战势上均告不利，又因德军守备极固，所以在全战役期间，终于不攻此方面。

交地则无绝，

在彼此交通自由的阵地，对于敌人不可分兵截断其进路，因为这样是不会有效果的，言外之意，以集中兵力向之猛攻为宜。

衢地则合交，

对于衢地——中立国，须与之亲交，或缔结同盟，或使其守中立，万不可为敌人先行拉去。

【衢地】在现代国际法上，所谓守中立与不守中立，属于国家的自由意志。一九〇七年海牙和平会议，虽规定了中立国的权利与义务，但一般所说的严正中立或好意中立，不是国际法的用语，所谓永久中立国如瑞士、比利时，虽有列强缔约的规定，但在第一次世界大战中，比利时的中立被打破了。两方交战，中立国的向背，常足以支配大局，如第一次世界大战意大利、美国在战争进行中，因加入协约军，遂使同盟军败衄。

重地则掠，

重地是进入敌地已深，这时运输困难，或粮道已断，则宜掠夺其粮食，以为己军给养。

封建时代战争形态

【掠】孙子在《军争》篇说"侵掠如火"，又说"掠乡分众"；在本篇又说"重地则掠"，再说"掠于饶野"。全书四提"掠"字，此为封建时代战争的形态，又为今日帝国主义战争的写实。但以现代社会的进化，文化的发达，此后应为正义和平而战，再不应有掠夺的行为。所以我们对于孙子这种思想固须消毒，尤希望各国军政当局有深切的觉悟。

圮地则行，

遇着进退艰难的圮地，要迅速通过，不可停留。

【圮地】为山林、险阻、沮泽等地，在用兵上，易受敌不意的袭击，纵拥有大兵，也没法使用，必为敌的寡兵所阻挡，故非急行通过不可。前人有言："森林吞兵。"即戒在森林内作战，这种战理，至今虽大体可用，但在防空上，若为秘匿昼间军的运动，则宜利用森林，这时不是"圮地则行"，而有解释为"圮地利用"的必要了。

围地则谋，

陷入围地时，难以力胜，必须发奇谋以打破僵局。

谋以时、地与敌情而定，大凡在围地时，或构筑伪装工事，以转移敌人视线，而乘机脱围；或遣使卑辞请降，而乘其不备脱围，均可谓为一种计谋。在历史上，围地的用谋，如："汉高祖伐匈奴，被围于白登七日，陈平乃画美人，使人以上阏氏曰：'单于围汉急，汉将以美人献单于。'阏氏恐单于之受美人也，说单于解围而去。"又如："田单围于即墨，使女子乘城约降，又收民金千镒，令富家遗燕将书曰：'城即降，愿无虏妻妾。'燕人益懈，乃出兵击，大破之。"（均见《史记》）

死地则战。

陷于死地时，务要并力疾战，以图死里求生。

【死地则战】亦有故意置军于死地而后求胜意，如韩信的背水阵。

所谓古之善用兵者，能使敌人前后不相及，众寡不相恃，贵贱不相救，上下不相收，卒离而不集，兵合而不齐。

古来良将进攻敌军时，是能够这样发挥其本领的：

（一）使敌部队前后分离，不能互相联络。以威胁侧背为其手段。

（二）使敌大部队与小部队或主力与某部分不能互相协力。

（三）使敌将士间完全失了互信心、共信心，各不愿相救助。放流言，使间谍为其手段。

（四）使敌上下指挥权混乱。这便要讲求令上下反目的手段了。

（五）使被击破的敌兵，不能再集结。亦有解为：使敌的士心离散，不愿集结应战。

（六）使已被击败而应归复原队的敌兵，不愿一致归复，急相逃脱。亦有解为：使敌兵于合战时，不愿协同一致动作。

如上所述，自然必须遇着虚的敌人，原来"胜不可为"的，但遇着虚的敌人却可为之。至于天才的将帅，亦可捕捉敌人自然发生的细微之虚陈，而用人为之力以扩大之。

思想战

本节亦可解为现代所谓的思想战，即运用宣传，使敌人"前后不相及，众寡不相恃，贵贱不相救，上下不相收，卒离而不集，兵合而不齐"。思想战的手段是宣传，宣传的形态，从性质上分为攻击的宣传，防御的宣传；从对象上分为：

（一）对敌的宣传——使敌国军队的志气沮丧，陷于混乱，或扰乱敌军的指挥而误其作战，再进而摧毁其国民的战意，崩坏其战胜的信念；或导之（国民）暴动革命，而破坏其社会秩序与组织。

（二）对中立国的宣传——使之对敌产生恶感，对我抱有好感，并使其参加我方作战，或至少亦使其站于利我的好意中立地位。

（三）对我国民众的宣传——使民众对敌国产生义愤，并加强其战争意志，战胜信念，而实现举国一致的战争。

两次大战中的宣传战

这样实施下去，尤其等第一项获得成功，可以做到"不战而屈人之兵"。例如第一次世界大战中，德国自己宣传工作做得不好，同时又饱受协约国宣传战的猛烈进攻，曾引起这位发动战争的魔王威廉二世慨叹道："朕没有一种伦敦的《泰晤士报》！"在军队方面，像基尔运河的兵变及其他各部队的哗变与反战，莫不受协约国宣传的影响。当时协约国用飞机散发于德军的传单，最多的时候，每天达百万份，弄得兴登堡将军徒唤奈何，说："敌军的炮弹不足畏，而敌机散发的纸弹则最可怕。"结果，德国战败了。到了第二次世界大战，各国对于宣传战更为注意，像英国宣传部的工作人员，就有999名。

合于利而动，不合于利而止。

要而言之，所谓良将者，为达到上述的目的，不管任何手段，如果认为有利的，就不顾一切而用之，否则不用。就是说，用与不用，全以利益为前提。但亦有解为：战机成熟则战（即合于利），否则不战。或认为在战略战术上有利则战，否则，止而不战。

敢问:"敌众以整,将来,待之若何?"曰:"先夺其所爱,则听矣。"兵之情主速,乘人之不及,由不虞之道,攻其所不戒也。

试设一问题:现有优势之敌,打着整然的阵容而来攻击我,则我将怎样应对呢?孙子自答道:"宜暂避其锋,先夺取其最爱惜、最重要之所,如战略战术上的要点,或敌后方联络线及其他不能放弃之地等,那就可以使他听从我了。"在用兵的真谛上,必须以迅速为第一,通过出乎敌的意表之途,而攻击其疏忽于警戒之点。

武装和平时代

现今是一个武装和平的时代!以上解说,大家读罢,必感到非常常守着国境线不可,因为有着"由不虞之道,攻其所不戒"的危险,弄得寝食不安,年年过着紧张的生活。但为免除这种紧张,而预防战争的惨祸,及为缓和平时军备竞争所招来的痛苦,因此军备缩小的运动开始了。这运动一直到具有实际的力量,始于一九一九年《凡尔赛条约》,一面强迫限制了战败国的军备,另一面亦取得了对战胜国军备缩小的谅解。更因此实际问题,在华盛顿会议上成立了英、美、日、法、意间的《限制海军军备条约》,同时,各国亦自动限制陆军兵力。但是一九二七年,英、美、日三国于日内瓦会议上讨论补助舰的限制问题,终于决裂了。一九三五年、一九三六年所开的国际会议,虽高唱军缩,反增加了猜忌与嫉视。表面是和平的逆梦,里面是战争的正梦。毕竟日、德、意撕毁一切国际条约,而发动第二次世界大战了。在春秋之世,有五霸的威力和平主义,其中如齐桓公于葵丘所召集的国际和平会议算是最有效的，在议席上很起劲地赞同和平的诸侯，于归国后，便努力于军备的扩充了。在战国时代，则有墨子一派的伦理和平论。在现代，国际法虽俨然存在，但对于国家来说，却没有更高级的强制执行权力的机关。因此，对于违法行为的制裁力也就薄弱了。原来国际法分有平时法与战时法，后者更有战争法与中立法之分，战争法是关于战争及其附带行为的法律，但因在法典上没有体系，构成的材料，仅是习惯、道德、条约、学说等杂说，所以不论从理论上说，或从实际上说，都是不完整的东西，那当然不能发挥其制裁的效力。而发挥制裁的效力，或防止"攻其所不戒"，则须建立有强大的"国际武力"。国际联盟是过去了，我们且瞧着今后联合国安全理事会的努力吧！

凡为客之道，深入则专，主人不克；掠于饶野，三军足食；谨养而勿劳，并气积力；运兵计谋，为不可测。投之无所往，死且不北，死焉不得？士人尽力。

统率军队作战于敌国领土的所谓客兵，其侵入敌地愈深（重地）则士兵的斗志亦愈专而坚；反之，迎我于国内的敌军（主人），则士心涣散，取胜殊难。深入的客兵，因为从本国补给粮秣的困难，所以进入敌的饶野——资源丰富的都市乡村，则须着手征发以给养三军。好好地休养着，竭力避免无谓的疲劳，并统一上下的意志及蓄积战斗力，一到运用兵力，使出其妙计奇谋，乘敌不备而攻之。这样，纵投士卒于无所往之地——死地，虽死也不愿退却或私逃，即士卒只恨不得其所而死，人人各效全力而作战（这两句是用以加强上面二句的意思）。

《孙子兵法》详解

客兵主义

孙子于本篇所主张的"客兵主义",向为日本军阀所拜倒。故过去进犯我国,深入而不忌;发动太平洋战争,远征而不惮。其间虽曾收"专"及"掠于饶野"的效果,但以碰着强敌美国,终于一败再败,以至投降了。

西谚说:"勇气从好的粮食而生。"鲁登道夫说:"坚强精神,造成胜利。此坚强精神,寓于坚强之身体。"每论及兵食,士兵康健,都足见真理不分东西。

美军的粮食

说到兵食,近读马歇尔将军《致美国陆军部二年报告书》,我感觉到我国军队的粮食更应亟加改善,该书说:"此次美国陆军战地食粮之改善,已几可谓革命。现所规定战斗部队所食用的'C''K'两种食粮,其变化范围之大,当为数年前士兵所梦想不到。其中'C'种食粮,即曾引起许多有趣之批评者,此乃由十种不同之肉类杂拌品而成,即:肉与豆;肉与煮蔬菜;肉与通心粉;火腿、蛋与山薯;肉与蛋皮;肉与米饭;红香肠与豆;猪排与豆;火腿与扁豆;鸡与蔬菜。这种食品使即使处在炮火剧烈下的士兵亦得食之。若烹调时间较充裕,则部队可得一种'十合一'食品,包含蔬菜与水果罐头,点心罐头,巧克力糖及其他糖果,烤牛肉,烤猪肉,及类似的肉类拌杂品,甚至有汉堡鸡罐头。若战地部队不接火,则供以'B'种食品,视当地情形而有很多品类可选择。只是在供给'B'种食品的地区,食品冷藏与保存往往不便利,所以仍不得不用蔬菜、肉类、水果罐头和抽去水分的山薯、鸡蛋等。与美国一般家庭所吃的鲜蛋、鲜肉、鲜菜相比，这种食物的滋味自然不好，然比之往日军队所发之食粮，则已有极大的进步。至在后方区域，食物运输较速，冷藏较便，则部队可得'A'种食物供给。此即与大多数人日常生活无异。"

兵士甚陷则不惧，无所注则固，入深则拘，不得已则斗。

原来士兵的性情是这样的：陷于重围时，由于死里求生之念切，则恐怖之心自灭；觉得已不能逃走时，则斗志自坚固；入敌地已深，则举目皆敌，精神上自受拘束，而众志趋于一致；又，到了不得已时，即陷于死地时，则自尽全力而战斗。

是故，其兵不修而戒，不求而得，不约而亲，不令而信，禁祥去疑，至死无所之。

客兵的本质，如上已述。所以深入敌地时，不待加以修明（指纪律）而自知警戒；不求服从，而自然服从；不待约束，而自相亲和；不待禁令，而各自忠实于所掌的职务。但最忌的是妖祥之言的发生，与敌人流言的散布（尤以长期战争，为易起之事），所以为将者必须严加禁止之，扫除之，以免扰乱军心。这样，则士卒就可专心致力于战斗，至死不变。

【禁祥去疑】祥是妖祥之言，即吉凶祸福的预言等。疑指敌人的流言，或反宣传、足使军心发生疑惑者。

《作战纲要》说："当审察情报时，不可有'先入为主'之成见，或陷于无的确凭据之想象"。同书又说："敌人用各种宣传方法，以图眩惑我军队，特宜注意，严密防范取缔，并切实晓谕部下为要。"这也是就"禁祥去疑"而言的。

鲁登道夫的《总体战》上说："两性之神经病的懦弱者，与夫皈依神秘主义星相卜筮之流，在民族生存之战争中，为极大之危险。诚以国家处于危急之际，所要求于人民者至多，非患精神病者与迷信者所能支持。以上一点，乃负全体性政治之责任者应第一明了之事，即令战争危险不致发生，此点亦为对于不死之民族的责任上，不可不实行者也。"接着说："德国之所需者，乃为精神上，体力上健全之民族，此种民族在穷年累月中，有极充分的力量以抵抗敌人，毁其意志，使其屈服于我。"

吾士无余财，非恶货也；无余命，非恶寿也。

我军士卒不蓄（或不要）财货，并不是没有物质欲望，讨厌财货；又不惜（或不要）生命，也并不是没有生存的欲望和讨厌长寿。其实，均由于效死之心坚决，其他不暇计较了。

没有物质的欲念则刚，有则依恋于生存之欲强，虽刚亦变为怯，刚是建立在无欲之上的。《论语》："子曰：'吾未见刚者。'或对曰：'申枨。'子曰：'枨也欲，焉得刚？'"唐诗："葡萄美酒夜光杯，欲饮琵琶马上催。醉卧沙场君莫笑，古来征战几人回？"

令发之日，士卒坐者涕沾襟，偃卧者涕交颐。

所以当长官悲壮作战命令一发，弄得坐着的士卒，涕泪沾襟；伏卧着的士卒，两眼之泪交流于两颊。

【坐者、偃卧者】为抱病或负伤的士卒。士卒之所以哭泣，悲哀愤慨，是由于恨不得早参加杀敌，以决一死。

孙子主张投军于死地，以加强其牺牲精神。鲁登道夫曾主张士兵阅读壮烈的文学作品，以振其勇气，他说："欲求民族精神之坚固维持，不应采用机械方法（指勉强压迫之言），应顺人情而振起之。如歌德之《浮士德》，非兵士行囊中应带之书。而席勒所著之《威廉·退尔》等诸剧中之'自由热望'，可以唤起各人之英雄气概。昔时斯巴达之作战，有提尔泰奥斯读诗歌以振奋士兵之气，惜大战中之德国，无此等诗人焉。"这是值得注意的。

投之无所往者，诸、刿之勇也。

像这样专心一志的士卒，倘若投之于无所往的死地，必皆变为专诸与曹刿一样的勇者。

风萧萧兮易水寒，壮士一去兮不复还。——荆轲

朔雪飘飘开雁门，平沙历乱卷蓬根。功名耻计擒生数，直斩楼兰报国恩。——张仲素

【诸、刿之勇】专诸、曹刿俱为春秋时代有名的勇士。专诸，吴人，为吴公子光（即吴王阖闾）欲杀吴王僚，与谋臣伍子胥商议，由伍子胥所荐的负责人。一日，公子光在本邸招待吴王僚，在烧鱼中藏着匕首，使专诸献而刺之。结果，僚被刺死，专诸当场亦被吴王的左右杀了。孙子对于吴王阖闾而以专诸之勇喻之，确是深入肺腑之言。曹刿，鲁人，见于《左传》。《史记》载称"曹沫"，彼以勇力见用于鲁庄公，将兵与齐三战三败，割地于

齐。但鲁庄公与齐桓公会于柯，缔结和约时，曹刿在席上用匕首威胁齐桓公，尽复失地。

成吉思汗的成功

十三世纪初叶，崛起于兴安岭的成吉思汗，统率草原民族，东从太平洋，西至俄罗斯，南至印度，征服了渺茫如海的大陆，不待说是得力于客兵。

那确是基于"无所往，不能逃"——远在几万里的异域所驱使客兵的强点，原来彼所统率的纯粹蒙古民族的兵很少，其他大部分是鞑靼以及数百被征服民族所征集的杂牌混合军队，由于指挥得法，与置于客兵的情况之下，恰如经过多年训练的劲旅一样，一同决死奋斗。又有成吉思汗的统御法，不是孙子的"不修而戒，不求而得"，而是严刑峻法，毫不宽待。临战时，把其他种族军队置于最前线，后方配以亲近的鞑靼，更在最后方配以基本的蒙古军，实施着二重三重的督战监视，若有退却者，不问是非，即斩之。

拔都征俄

成吉思汗之孙拔都远征俄罗斯，一二三六年春二月出发于蒙古的根据地，到五六月就已达今日的南俄，他命令军队休息于伏加尔河畔，牧马于肥饶的沃野，以肥壮之；掠于近邻之地，以充足粮食。这样休养兵力，约一年有余，充分蓄积了军队的弹性后，翌年即一二三七年冬月便蹶然而起展开攻势。

拿破仑因于莫斯科的严冬酷寒而败衄，拔都则选择严冬进攻而成功，这固是凭他特有的战略，最重要的还是窥伺秋收冬藏的农时,掠而养军,这是客兵的"三军足食"的妙法。

基于这样的掠于饶野,与以疾风般的袭击,所以蒙军在翌年正月便占领莫斯科了。

——大场弥平《孙子兵法》

故善用兵者,譬如率然。率然者,常山之蛇也,击其首则尾至,击其尾则首至,击其中则首尾俱至。

良将用兵,简直可以比喻为率然。率然是什么呢?会稽常山的一种蛇。这种蛇,击它的头,则用其尾反噬而来;击它的尾,则用其头反噬而来;击它的中央,则其尾首俱反噬而来。即是说:如果敌击我的右翼,则左翼包抄而至;击我左翼,则右翼包抄而至;击我中央,则两翼俱包围而至,首尾为一,上下一心。此与前说"前后不相及,众寡不相恃"不同。

敢问:"兵可使如率然乎?"曰:"可。"夫吴人与越人相恶也,当其同舟而济,遇风,其相救也如左右手。

于此再设一问:究竟军队的运用,可以使其同那率然蛇一样吗?——当然可以(即良将投兵于死地,导于前后左右不得不相救的情势)。今举一事以喻之:原来吴人与越人不是相仇视着吗?当同舟共渡时,突遇狂风暴雨,舟船被打得动荡欲覆,这时大家必忘了平生的仇恨,协同动作,以相救援,好像我们左右手的动作一样。

【吴、越】吴在今之江苏,越在今之浙江。这两个国家在春秋时代,好像近代的德法两国,互相仇视,攻战无已。

【吴越同舟】这个惯用语,即出于此。孙子说:船将覆了,吴人越人便协力相救。这真是看穿人情的机微,投士卒于死地,则他们自相救助，不求协同联系，而自然协同联系的非常手段。亘古今东西的战史，被目为败战乱战者，皆由缺此。

从腓特烈大帝七年战争，拿破仑战争等实例看，由于联合军散漫迟缓的协同作战，所以便为他们（腓特烈与拿破仑）所乘，取得兵力的优势，逐个击破敌军。

第一次世界大战俄军之败

第一次世界大战初，俄军为策应英法协约军，便以怒涛般的大军侵入东普鲁士，使在西部战线追击协约军的德军，不得已地分割一部分兵力急往防御俄军的猛袭，这本是俄军一个很好的机会，可笑的是，反造成俄军于坦能堡悲惨的败北。当时萨姆索诺夫将军所带的第二集团军陷于兴登堡将军的战略，正处在被包围歼灭的紧急关头时，平素与萨姆索诺夫交怨的伦宁坎普将军，拥有数军团的大兵却不驰援，而远远地隔岸观火。倘若那时萨姆索诺夫与伦宁坎普具有"吴越同舟，济而遇风"时的精神，则宛如常山之蛇，德军若击左的萨姆索诺夫，则右的伦宁坎普至；若击右的伦宁坎普，则左的萨姆索诺夫至；若击其中央，则萨、伦的首尾俱至。若有这样的协同动作，则兵力悬殊的俄军（优势），将一踢兴登堡，而奔泻千里，杀到柏林，亦未可知。

是故方马埋轮，未足恃也；齐勇若一，政之道也；刚柔皆得，地之理也。故善用兵者，携手若使一人，不得已也。

投士卒于死地，则自然勉力奋斗，已如上述。所以纵设有险阻以阻碍敌马敌车也是不足恃的。而齐一全军的勇者怯者，使其一致奋战，总算是把握着统帅军队的要道。又，对于刚柔的地势，利用得其宜，才算是明了地舆的自然之理。故良将用兵，纵统率百万之众，宛如执着一人之手而推拉之一样的自由，这是由于把握着"政之道"与"地之理"，而投他们于不得不斗的死地。

【方马埋轮】过去各家注解均谓方为缚意，即说：纵是缚着战马并埋了战车之轮，也不足以一士心而作一致的行动。其实这都是错误的。据编者的研究，古时中国民族，当进入农业经济时代，就遇着游牧民族的压迫，乃应用治水术，编成方阵形的农田（井田）——开设许多阡陌，许多沟浍[①]，以阻止敌骑兵（方其足）及战车（埋其轮）的突击，使不能驰驱自若，如入无人之境。总之，是在使军事与农事合一，寓设险守国之意。

【齐勇若一】为《军争》篇的"勇者不得独进，怯者不得独退"意。【刚柔皆得】据《周易》说："立天之道，曰阴与阳；立地之道，曰柔与刚；立人之道，曰仁与义。"故刚可解为山坡丘陵之地，柔可解为海川沮洳之地，刚柔亦即地之"远近、险易、广狭、死生"。

将军之事，静以幽，正以治。

将军应修养之事：第一要沉着深邃，第二要严正而不乱。即前者是深谋远虑，且为人不可测的条件；后者是立身严正，且处事有条有理的条件。

静的哲学

孙子以静与正为将军之事，老子以静与正为政治家之务，孔

[①] 沟浍，泛指田间水道；借指荒野。

孟则以其为修身之基。老子说："躁胜寒，静胜热，清静为天下正。"又说："以正治国，以奇用兵……我好静，而民自正。"又说："重为轻根，静为躁君。"《大学》说："静而后能安，安而后能虑，虑而后能得。"又说："意诚而后心正，心正而后身修。"

能愚士卒之耳目，使之无知；

大将军统率军队，必须能够蒙蔽士卒的听觉视觉，使他们无从知道用兵上的秘密，以免自生疑惧或泄漏于人。

这一节是中国哲学的蕴奥，孙子用于兵法上，而老子、孔子则用于政治上。老子说："古之善为道者，非以明民，将以愚之。民之难治，以其智多。"孔子说："民可使由之，不可使知之。"

易其事，革其谋，使人无识；易其居，迂其途，使人不得虑。

同时，对于敌人，则须随时变更我已干过的事情，及我已用过的计谋，即同事不再为，同谋不再用，使其对我无从认识判断。又随时变更我的居处（驻地），或去险就易，或舍安就危，迂回了我前进之途径，或舍近就远，或舍易就难，完全出乎敌的意表，使其无从策谋制我。（此可作为现代游击战术原则。）

帅与之期，如登高而去其梯；帅与之深入诸侯之地，而发其机，焚舟破釜，若驱群羊，驱而往，驱而来，莫知所之。

大将统率士兵开赴所预期的战地，突然下令，使之作战，宛如令人登了高台，在下阴去其梯子，示以必死。又，统率士兵深入敌国诸侯的领土，突然下令，使与敌战，恰如拉开强弩的发条机，示以一往不回。总之，好像牧者驱策羊群一样，往来随其驱策，而它不知其动向，即军之进退，仅依大将的命令，而士卒唯有服从。

【帅】是动词，统率意。

机械动作

孙子所要求士兵的是"若驱群羊"，鲁登道夫所要求的是"类于机械动作"，其词虽异，而意则同。鲁登道夫在其所著《总体战》中说："余以为各兵士训练之目的，即为精神上之坚决，虽彼等明知危险，而仍不惜牺牲其性命。此类情形，为现代战争必然之要求，几使各兵士之生活类于机械动作，有非如此不可之势，而后能冒万险以达其毁灭敌人之目的。要知一个战士在多数大众之中，其行动随大众而转移，彼心中以为大众之目光集注于彼之一身，故彼自视如无物，事事听命于同伍之人可矣。盖同伍之人予彼以精神上之安顿，彼既为队伍中之一人，故以队伍之心理为心理矣。"

聚三军之众，投之于险，此谓将军之事也。九地之变，屈伸之利，人情之理，不可不察。

总之，统率大军而投于危险之地，使士兵不得不协同奋斗以取胜，这是将军本来的责任。不过对于前面所述的——依地势而发生各种各样的变化，如屈而退守，与伸而进攻的利与不利，发挥自然的人情的机微等，必要详加审察，而妥为调和利用。

凡为客之道，深则专，浅则散。去国越境而师者，绝地也；四达者，衢地也；入深者，重地也；入浅者，轻地也；背固前隘者，围地也；无所注者，死地也。

这是孙子再就客兵的攻势作战而说，意义与前相同，唯文章稍异。

【师】是用兵，作战意。【固】是险固之地，其他已无再加解释必要。

是故散地，吾将一其志；轻地，吾将使之属；争地，吾将趋其后；交地，吾将谨其守；衢地，吾将固其结；重地，吾将继其食；圮地，吾将进其途；围地，吾将塞其阙；死地，吾将示之以不活。

本节亦与前大同小异，略加解释如下：

"一其志"——专一士兵的意志。"使之属"——使部队间前后连属以固其心。"趋其后"——争地如先为敌占领，不可从正面攻击，必须诱出敌人，一俟分兵离开，即急趋而夺取之。此项解释，众说纷纷，亦有采取陈皥所注的"若地利在前，先分精锐以据之；彼若恃众来争，我以大众趋其后，无不克者。""谨其守"——处处配备军队，以严密守备之。"固其结"——结交诸侯，务使其固。"继其食"——掠敌，因粮于敌。"进其途"——迅速前进，勿停。"塞其阙"——敌人围我，如留一面退路以诱我，而我则要自行阻止，以一士心，并使其无从突入。"示之以不活"——激励士兵非死不可。

故兵之情：围则御，不得已则斗，过则从。

士兵的真情是：被围时，则尽力抵抗；不得已时，则奋斗到底；危机迫切时，则依长官的命令而动作。这也和前文意义相同。

是故不知诸侯之谋者，不能预交；不知山林、险阻、沮泽之形者，不能行军；不用乡导者，不能得地利。

此为重复之文，见《军争》篇。

四五者不知一，非霸王之兵也。

四加五为九，即指九地。这九地之变，多不必说，只少知其一，都不能成为霸王的军队。

【霸王】这个名词是多么充溢着英雄的气氛！《史记·项羽本纪》载："项王自立为西楚霸王。"霸与王不同，孟子说："以力假仁者霸……以德行仁者王。"本节所谓霸王，纯为霸意，在春秋，如齐桓、晋文、宋襄、楚庄、秦穆；在现代，则为帝国主义国家。

夫霸王之兵，伐大国，则其众不得聚；威加于敌，则其交不得合。

说到霸王的强大军队，当发动征伐大国的战争时，所向披靡，使敌慌张混乱而不能集中应战（如第二次世界大战德军攻法及攻苏的情况）。又以强大的威势加于敌国，使彼同盟陷于徘徊观望，不敢持续其友好关系。例如第一次世界大战中的意大利，本与德奥同盟，但慑于英法协约军的威势，不敢遽出援助德奥同盟军，观望徘徊一年有余，结果反参加协约国作战，这是一个例证。

是故不争天下之交，不养天下之权，信己之私，威加于敌，故其城可拔，其国可隳。

霸王之国，平时决不竞争结交天下诸侯（同盟国），因为这适足养成被结交者的权势，成为将来之患。到了战时，唯有信赖自己的实力，并以庞大的威势加于敌国，这样，自可拔敌城，灭敌国了。

证以孟子的话

【不争天下之交】因为到战时，平时在外交上所缔结的盟约，往往靠不住，正如上述的意大利，又如第二次世界大战德国破坏德苏协约。孙子之发是言，大概是由于目击春秋之世，策士跳梁，合纵连横之说盛行，虽是大国亦乏自主独立的观念。这，我且在《孟子》一书中找出一些证明：

> 齐人伐燕，取之。诸侯将谋救燕。宣王曰："诸侯将谋伐寡人者，何以待之？"孟子对曰："臣闻七十里为政于天下者，汤是也，未闻以千里畏人者也。"……滕文公问曰："滕，小国也，间于齐、楚。事齐乎？事楚乎？"孟子对曰："是谋非吾所能及也。无已，则有一焉：凿斯池也，筑斯城也，与民守之，效死而民弗去，则是可为也。"

美国的自强

本节倡导求己主义，自立自强主义。其实一个国家不求己，不自立，不自强，唯依赖于大国庇护，必致陷于若存亡的状态中，此就诸弱国而言。至于大国之所以制霸，当然由于其奋发自强，常拥有强大的力量。美国总统杜鲁门于一九四五年美国海军节发表演说道："美国即在复员之后，亦将为世界最大海军国。美海军在对日战争胜利日，有军舰1200艘，另有小艇50000艘，飞机40000架。此一庞大攻击力量之平时成分，将成为美国外交政策之骨干，以维护世界和平，保证美国之自由。"又《纽约时报》亦同时发表言论说："今日我们必须牢记所受之教训，我们应知如欲使我们声威闻之全世，而此世上仍有强大之武力时，则我们即必须维持强大之军力，即于海上保持强大力量。"自然美国不只要拥有强大的海上军事力量，且要拥有强大的陆上与空中军力。于此，我们想起孙子的话是多么有价值，又合乎现实。

施无法之赏，悬无政之令，犯三军之众，若使一人。

主将在作战时，对于部下有功者，必须颁给超乎常法的优厚赏赐，以鼓励之；同时，亦须揭示超乎普通政令的严峻禁令，以约束之。于是人人奋勇，不敢犯法，而形成指挥三军之众，好比驱使一人一样容易顺畅。

拿破仑施无法之赏

拿破仑，他在法兰西革命混混沌沌、恐怖骚动的时代，如巨星之出现，使全国国民为之奋起，青年血气之士为之踊跃集合于军旗之下，而且为拿破仑驱使于战场，各自奋斗到底，其原因，就是拿破仑施行孙子所谓"无法之赏"，即今日在卒伍间执干而战的士兵，若树立勇战伟功，明日就可一跃而升为一军之将，统领几万大兵，浴于谒见皇帝的光荣，或升为元帅而领广大的土地，——这样的纲领。

拿破仑善战善胜，荡平群敌，一时巍然君临全欧，固由彼不世出的天才，但凭于"施无法之赏"，而麻醉人类的本能，满足三军之众的功名心，——这种的策略，是不可忽视的。然而他们的富贵，曾几何时，跟着拿破仑的没落，也烟消云散了。

成吉思汗悬无政之令

作战时候，驱使大军，好比手足一样，第一要有严峻的军纪。这，正如克劳塞维茨说："血气若无规则，到底是不能限制的。"中国、日本、欧洲在古代，不论任何军队，于战时都"悬无政之令"，以制裁官兵的放恣，而维持军纪。

蒙古成吉思汗揭旗于大兴安岭山头，所统率的是蕃族中窃盗、强夺、奸淫、暴虐、莫可劝导的放纵无赖之徒，于是乃确立军纪，以统率之，"悬无政之令"以保持其秩序。例如盗马或骆驼者处死刑；当小盗不能赔盗品三倍以上的价值者笞刑七十乃至一百；强奸者处死刑，就地捕获奸夫时，有杀死之权；严禁大声谩骂，以调和其虎狼般的习性；受贿赂者处死刑；隐匿他国的奴隶，给予衣服饮食者处死刑；不奉君命者虽带十万兵的大将，亦处以刑罚或死刑；不经许可而擅往援他者处死刑。这样"悬无政之令"，比当时欧亚大陆任何国家的军队，其军纪都来得严峻，而得以如使一人般地指挥大军。

——大场弥平《孙子兵法》

犯之以事，勿告以言；犯之以利，勿告以害。

对于部下士兵，仅可命令其所做的事情，不可告知以我的用意，以免传闻于外，而败事机。又，仅可使其知道有利方面，不可使其知道有害方面。因为人情，见利则勇进，见害则畏避。一切事情，利害是不相离的，若有一面之利，必有他面之害，没有仅有利的事，也没有仅有害的事。

投之亡地然后存，陷之死地然后生。夫众陷于害，然后能为胜败。

士兵的心理是这样的：把他们投于灭亡之地时，则他们必出于苦斗，常可保存；又，把他们陷于必死之地时，则他们必出于苦战，常可得生。总之，陷士兵于生命危险之地时，他们定可奋斗到底，博得伟大的胜利。

韩信精通孙子

我国历代将领，莫不研究《孙子兵法》。汉之韩信，便是其一。公元前二〇四年，他在井陉口布背水阵，大破赵军，斩陈余，虏赵王歇，事后部下问以取胜之理，他答道："兵法不是说过吗？'投之亡地然后存，陷之死地然后生。'"于此，足见韩信精通《孙子兵法》，善用《孙子兵法》，而这两句话也便成为古今的名言了。

故为兵之事，在于顺详敌之意，并敌一向，千里杀将，此谓巧能成事者也。

用兵之事，贵在佯伪地顺从着敌的意向，即敌欲进则诱之进，欲退则纵之退，不逆其意，随其所为。一至寻出其弱点，即集中力量攻击之，穷追之，皇然杀敌将于千里之外，这真可谓巧于作战取胜了。

【顺详敌之意】顺同循，详同佯。《史记·殷本纪》中有"箕子惧，乃详狂为奴"之句。【并敌一向】解为：使敌视线集中于某一方向，而忽略了我的动作。【千里杀将】胜算已在握，故长驱作战，捕捉敌人而包围歼灭之。在今日，又可解为：以空军远袭敌军的司令部，而炸毙其首领。

攻势主义，歼灭主义

"并敌一向，千里杀将"，这是多么痛快淋漓，寸铁杀人的警句！但在这数语中，实含着远大巧妙的作战原理，如攻势又攻势，打击再打击的克劳塞维茨的歼灭主义。

自说"少则能守之，不若则能避之"的必须等待集中相当的兵力，拥有压倒的优势，然后动军的兵数战略，与警戒无谋而取攻势的"武进"战略而来的孙子，至此果然面目一新，说穿了古今名将拿手的积极战法，其胸中真是奔腾豪放！

原来古昔的战争，仅以位置战为主，而军队的运动多是在一个乃至数个的城塞的周围，作无意义的回转，证以欧洲的古战史，便可了然。但是，迦太基伟人哈米尔卡打破了这极迟钝的战略，发明进兵战略。哈米尔卡之子汉尼拔，继承这个战略，远征罗马，蹂躏了十余年的敌地。

这"并敌一向，千里杀将"的战略革命，至恺撒而达于绝顶。殊不知在东方的两千多年前，已为孙子所说破。于此，足见东方战略的伟大！

可是，自恺撒殁后，战略重返于旧态，暂呈沉滞之态。但北欧名将古斯塔夫的崛起，又复活了这"千里杀将"的战法；更至腓特烈大帝而被巧妙地活用着；尤以拿破仑之手，而使孙子所谓"并敌一向，千里杀将"的战略，灿然放光。孙子真是明智伟大！近来这"千里杀将"的歼敌的战略精神，在拿破仑战争后，得于克劳塞维茨、若米尼（著有《战争艺术概论》《拿破仑的政治与军事生涯》等书）、冯·维利森（著有《大战争论》）三大兵学家的学说，使其具体化、理论化，成为千古不磨的原则。

普鲁士的名将毛奇于一八六六年普奥战争、一八七〇年普法战争，在宣战布告后，不出数周间，好像疾风卷沙般击溃了敌人野战军的大半，实不外克劳塞维茨的歼灭战略，即孙子"千里杀将"精神的实现。

——大场弥平《孙子兵法》

是故政举之日，夷关折符，无通其使，厉于廊庙之上，以诛其事。

战时政治施行之日，就封锁四方的关口，并折毁通行券，禁止敌国使者的往来，而绝对地断绝交通。至出兵之后，则在朝廷内，严加督促百官修明政治，而从内部协助军事。

【政举之日】是战时政治施行之日，军队发动之日，现今所谓宣战布告之日。【夷关折符】夷是塞或封锁意，符是通行券或出入证，折是毁意，即将留存于关口的通行券宣告无效。总之，其作用在杜绝敌间的潜入。【厉于廊庙之上，以诛其事】厉同励，为勉励、督促意。廊庙为朝廷意，等于现今所谓中央政府。【诛】治或修明意。

鲁登道夫将军说："一国处于战时，不仅有全体性政治，同时亦有全体性作战方略，于是产生种种法令，如报纸之严格检查，如军事秘密之严刑，如对于中立国边境交通之禁止，如集会之禁止，如不平分子领袖之逮捕，如铁路电报局之监视。"这是孙子所谓"夷关折符，无通其使"的发展，均于第一次世界大战中被各交战国一一实现了。

敌人开阖，必亟入之，
敌人有虚隙，则不失其机，而迅速乘之。

【开阖】是开闭，阖是开的惯例接尾词。开是间隙，即可乘的弱点。

鲁登道夫将军说："一九一四年世界大战中，德国最高统帅部既用全力于西线，因而使东普鲁士一省之东南，沦于无法保护。当时俄人不克于动员下令之初即攻入者，非由于德之防御周密，乃敌人疏忽有以致之。英国海军在当时亦未令其舰队攻入北海，以封锁北海中德国海口，此亦由于英人疏忽，非德人保护港口之功也。"这是指摘英军、俄军不知"敌人开阖，必亟入之"。

先其所爱，微与之期，践墨随敌，以决战事。
故要以迅雷不及掩耳之势，夺取敌所爱之所（如港湾、要害、城市等），或冲击其战线最苦痛之点，而我则时常微微地、偷偷地（不为敌知地）预期着、准备着与敌决战。倘若敌果来夺还（指上说城市等），或救援（指上述最苦痛点），而我则依着预定的作战计划及应着敌情以决战取胜。

【墨】是墨绳，又为墨守之墨，法度意，在此为预定的作战计划意。

本节主要是说，于宣战布告之初疾风般作战，侵入敌国而求战场于国外，并冲击其最苦痛之点，而推进歼灭敌军的方略。

德军的践墨随敌

孙子在这里所说的战理,简直可移用于第一次世界大战上。德军于宣战布告之初,立刻侵入为英法协约国最酷爱,不肯放弃,又为战略上最感苦痛之所的比利时,同时又乘该国要塞的守备未完成之际,立即展开无数精锐炮兵以粉碎之,强袭而夺取之;又以"决积水于千仞之谿"的威势,侵入法国境内,心中窃窃地预期着歼灭协约军。

于是,德军一再出现于比、法国境,践着该国一八六六年普奥战争以来最擅长的左翼作战之墨,即原则与计划,于协约军的态势里,寻出其左翼防备最薄弱之点,而给予打击。迄第二次世界大战,希特勒对西线的进攻也是践着既定的作战计划,故一鼓而击溃英法联军,直下巴黎。

是故始如处女,敌人开户;后如脱兔,敌不及拒。

我的意图行动,须装得像那怕羞的处女一样,态度曖昧,踌躇不进。因之,敌人便疏忽不备,发生虚隙,恰如开了的门户。而我便不失其机,忽然变为脱网之兔,迅速攻去,使敌没有防御的时机。

且看安全理事会

孙子对于反复的句子常喜押韵,与老子的文体酷似。虽是押韵,但不是唐以后限制得很狭的韵律:女(上声),户(去声),兔(去声),拒(去声)。兵法之要,在"以虞待不虞"。跟着科学而进步的机械,提供给人类以急速的行动。彼此意见政策冲突时,说要经过什么国际会议或宣战手续，然后动兵，这是在现代速战速决主义之下走不通的。我们看过去日本进攻我国，意大利进攻阿比西尼亚，德国进攻苏联，便可了然。可是到了今日，联合国安全理事会已经成立了，也许从此可以制止国际上的战争，维持世界的和平。然而果能维持世界的和平否？又果能保证没有"脱兔"之国的出现否？那只有留待将来事实的分解了。

千古名文

这一节被认为是千古名文，处女是女子中的最圣洁者，脱兔喻其迅速，然迅速不限于兔，尚有马与鹿，但未有如用兔为妙。即在西洋也有此例，与迟的龟比较有速的狮与猫，但都不适合，龟的对照者，仅限于兔。这个机敏的小动物，已见称于春秋时代的兵法上，可想见其意思了。

火攻第十二

火攻为战斗的补助手段（有时成为主要手段），内举五种火攻法，天时风向利用法，并附带论及水攻。孙子倡导速战速决，故不择手段，主张运用残酷的火攻、水攻；又正因这样，所以最后则警告为元首、将帅者应郑重将事，不可轻启战端。

孙子曰：凡火攻有五，一曰火人，二曰火积，三曰火辎，四曰火库，五曰火队。

火攻的种类有五：（一）放火烧杀敌军的居民（指火攻敌的都市、乡村）；（二）烧毁敌所囤积的粮秣；（三）烧毁敌所积载武器服装等的辎重车队；（四）烧毁敌储备军需品的储藏仓库；（五）利用火力以烧杀扰乱敌军部队。

古今火攻工具

火攻是利用火力补助攻击的残酷战术,从古代到现代,依然被沿用着。火人、火积、火辎、火库均为欲根本绝灭敌军所赖以生存抵抗的方法,其实施工具,在古代有火车、火牛、火燕、火筒、火箭等,在现代则有燃烧弹、燃烧液、汽油弹、火焰喷射器、火焰投掷器、高射喷焰器、喷火坦克等。惟自原子弹出现后却使火攻进入一新阶段了。试看一九四五年,美国投于广岛、长崎的两颗原子弹,顿使此两城化为灰烬,其威力之大(热力达摄氏一百万度),已可概见。但这个猛烈而残酷的火攻武器,如果在将来战争上作大规模的使用,则人类以及一切唯有尽归毁灭,所以我们仍望国际上像禁用毒气一样对原子弹作更彻底而有效的禁制和禁用。

火攻举例

中国古代的战斗,盛行火攻。如火烧赤壁(吴蜀对曹操),火烧连营(陆逊对刘备),算是人们脑海中最易忆起的战史。日本古代亦然,如织田信长火攻比叡山,把山上数千僧侣、僧兵烧得尽成灰烬,三年后,琵琶湖面犹弥漫着腥臭,言之令人战栗。其在欧洲,一八一二年,拿破仑统率大军侵入俄国首都莫斯科时,俄军采取非常手段,放火于自己的首都,烧了大半房屋,使拿军没有御寒的住所。且烧尽该市的粮食,使拿军断炊,弄得拿破仑非退军不可,这是世界战史上最著名的一页。所以火攻,不问中外,都在悲惨地上演着,为一不可忽视的事。关于莫斯科的大火,据托尔斯泰的《战争与和平》一书，说是拿军的军纪废弛所以失火，火为风煽而延烧全市；惟世人所承认的，则为俄军的放火。拿破仑的鹏图，就跟着这次火攻而烟消云散了。

火攻，在火器未进步的蒙昧时代，确是有力的战斗手段；但在近代有远射程的火炮，炮击敌所占据的村落与都市，足以惹起大火灾。尤其划时代出现于第一次世界大战的空军，即孙子所谓"动于九天之上"的火攻战法，更为猛烈。在大战中，起初德机空袭伦敦、巴黎，协约军的轰炸机大举轰炸德国南部的工业地带；战场的军队，固不用说，即战场后方的军桥、铁桥、弹药库、粮秣储积所、铁道交叉点、停车站，以及有关于敌国敌军的战斗力的一切，都为不相上下的两军，各回以十分凄惨的空袭，这不是孙子所谓火人、火积、火辎、火库、火队而何？自此而降，世界列强更努力于空军的扩张，在大编队之下，想必在宣战布告的同时，对敌国实行空袭。故照这种形势看，我们可以想象将来的战争，必以许多飞机实行"孙子的火攻"，为其重要的战略无疑。

——大场弥平《孙子兵法》

火焰坦克

降及第二次世界大战，在战场上除用飞机投弹实行"火攻"外，尚有喷火坦克，如一九四〇年，德国用其摧毁法军。

火焰喷射器

又有火焰喷射器，如美军在太平洋战场上，用其消灭藏身于岩穴里的日军。我军于一九四四年腾冲之役亦用其消灭日军，有一记者，记述是役道："敌顽强抵抗，我将士冲至敌前，以手榴弹投入工事，不料在掩体门口即行爆炸，未能奏效；原来门口置有铁丝网，敌之机枪可射出，我们的手榴弹则塞不进去。然而狡诈之敌，终被我火焰喷射器烧得他焦头烂额。这玩意儿在中国战场上还是第一次使用，燃烧时发热在2000度以上，喷射距离可达约55米，据守的敌人就被这新式武器解决了。"

火焰防御

还有英国为守卫本土，于一九四〇年与一九四一年两年，在英法海峡布置了一道足以致德军于死地的"火焰防线"，又称"火焰阵"或"火焰围墙"。这条防线是以煤油为起火燃料的，即装置了埋在海底近200米深处的大运输管，将海水和蓄油池连接着，只要加入一种化学品，煤油就可以着火。这种化学品被制成球形后，就从运输管中送出，遇水溶解后，就可以使油着火，火焰便弥漫着整个海面。此外，尚有一条"陆上火焰防线"，也是用煤油为之，无怪德军无法飞渡英法海峡，进攻伦敦了。

太阳光反射器

再有德国科学家，曾计划一高80多千米，直入同温层的空间台，上筑广达50000千米的太阳光反射器，发出使一切物质焦枯的热浪，毁灭城市，使森林起火，并化海洋为水蒸气，但未完成德国却已战败。诚以科学一天一天的进步，火攻武器的发展，真无止境。

行火必有因，烟火必素具。

凡行火攻，第一要有所因，或因军队，或因潜入者，或因间谍，或因内应者。至于所用的烧具，须在平时预备妥当。

【因】亦有解为或因天时、地理意。【烟火】指火攻的烧具，如火箭、干草、火药、油类等物。【素具】为平时预先准备意。

"烟火必素具"，真是道破现在列强军备竞赛的秘密。你看！美国不是在继续制造原子弹吗？英俄不也是加紧制造火箭与巡航导弹吗？至于各种烧夷剂亦莫不在准备着。

发火有时，起火有日。时者，天之燥也。日者，月在箕、壁、翼、轸也，凡此四宿者，风起之日也。

其次，凡行火攻，尚有两个天文学上的问题待解决：一为适于发火之时的问题，一为易于起火之日的问题。申言之，所谓时的问题，是指天久不雨，物质干燥之时；所谓日的问题，是说月宿于二十八宿中的箕、或壁、或翼、或轸的星座之日，这些日都是刮风之日。

中国古代的天文学

【箕、壁、翼、轸】是二十八宿中四宿的名称，二十八宿为：

东（苍龙）：角、亢、氐、房、心、尾、箕。

北（玄武）：斗、牛、女、虚、危、室、壁。

西（白虎）：奎、娄、胃、昴、毕、觜、参。

南（朱雀）：井、鬼、柳、星、张、翼、轸。

把二十八宿配于中国全土，称为分野。其将东西南北命名为苍龙、玄武、白虎、朱雀，是本五行说而配色，至于玄武亦叫真武，朱雀亦称朱鸟。此为古代天文专门问题，不易了解。

近世科学虽否认前记的气象学说，但从前有预知大雨、大风的传说，到今日，渔师、农夫们犹传统地信赖而不疑，实际上亦每有应验。春秋时代，凭月的运行与星辰的转移，以预算大风之起，大概不是迷信的吧？

——北村佳逸《孙子解说》

凡火攻，必因五火之变而应之。

凡行火攻，必须因着上述五火的变化——敌的动静，而不失机宜，举兵应之。

火与战争的关系，纵在现代战上，依然没有变化。空中的轰炸，即从空中火攻，在第一次世界大战的末期，德军与协约军均盛行之。各以大规模的空军，对于敌军的战场要部，企图造成孙子所谓"火发于内"的抵抗内部的扰乱与破坏后，地面部队便转为攻势，这是常用的战法。

第一次世界大战中的飞机投弹

一九一八年春陷于四面重围之穷境的德军，为挽回既倒的狂澜，便于三月至七月间，连续四回，实行孤注一掷的猛攻，在此攻势中，德军对于敌军背后所施的轰炸，是何等凄惨！从七月十八日至二十一日仅四日间，德军所投下炸弹的数量，计装于1吨半的车辆，达11车。这样，战况一时虽向有利方面进展，唯因势已成强弩之末，也莫可如何了。

协约军方面乘着德军攻势这样的气竭，从七月中旬起，便猛然转为逆袭，仅在攻势开始的七月十五日的那一天，投下炸弹就达45吨半，这都是对准在巴黎东方的德军背后的重要桥梁与军事要点，作集中的投下。以这次轰炸的效果为因，协约军此后便以一泻千里之势，压倒敌人。最后在一九一八年之秋，德军宣告总退却了。

——大场弥平《孙子兵法》

第二次世界大战中的飞机投弹

第一次世界大战的"火攻"，比诸第二次世界大战，真是小巫见大巫。关于欧战方面，据最近伦敦方面发表的统计数字，自开战至一九四五年三月底，英空军投于德国的炸弹为65万4000吨，美空军在德境投弹53万758吨，英空军投于被占领区之炸弹为28万4500多吨，美空军为95万2897吨，英空军投弹最多的一次，为一九四五年三月十二日投于多特蒙德者，计5000吨。自开战至一九四五年四月，德袭击英国的火箭计1049枚，飞弹巡航导弹8070枚，炸弹7620吨。在太平洋战争方面，据美国空军元帅阿诺德于一九四五年初宣称：今后一年内准备投在日本本土的炸弹，共为200万吨。这个数字真是惊人，一年三百六十五天，平均每天要投下5479.5吨，打算把日本彻底毁灭，但未投完而日本已投降了。

火发于内，则早应之于外。

又，或由内应者放火，或由我潜入者放火，或由敌的失火。总之，如火发于敌的内部时，则须立刻利用此混乱的时机，从外部迅速攻进去。

间谍与火攻

在第一次世界大战时，间谍异常活跃，或炸毁敌国内的重要建筑物，或火焚其都市。战争第二年的一九一五年九月，协约国方面于企图轰炸德国的泽西市的阴谋下，有一只搭载千百个炸弹的轮船，被荷兰的警察扣留。又企图炸毁德军之输送列车，而身带炸弹的间谍也不少。这种事情，不限于德国方面，即在协约国方面的工厂、仓库、谷仓的火灾频发，其原因亦多不明。尤其在协约国方面，收到从外国寄来的邮件包裹，竟发现有装置着自然发火的可燃性药物，这非时常小心注意不可了。

火发兵静者，待而勿攻。

但有一个要特别注意的问题：火起于敌营，其中将卒安静，没有混乱的情况，则应暂待形势推移，不可贸然进攻，以免堕入敌军诡计中。

极其火力，可从而从之，不可从而止。

至见火势炽烈时，须察其火力对于敌人产生怎样的影响，倘若认为可乘，立刻开始攻击行动；否则，止之，不可轻举妄动。

【极其火力】是说火的燃烧达于极点。

火可发于外，无待于内，以时发之。

对于敌营，倘若认为从外部放火便利，如风向、风力合宜，及敌营的旁边为荒草丛林等可燃性物质,这样,就用不着期待内应者,即可选择适当时机,从外部放火。

火发上风,无攻下风。

火发自上风时,切不可从下风进攻敌人,因火烟弥漫,既看不清敌人,反自遭火患。

风与伞兵

风——风向、风速这些问题,不但为古代火攻者应研究的问题,即现代飞机的航行,伞兵的降落,化学部队的施毒,亦为必须研究的问题。关于伞兵降落,我可于马歇尔《致美国陆军部二年报告书》中得到一些材料,关于第二次世界大战盟军时进攻意大利,伞兵所受风的影响的情形,他说:"照预定之计划,我们拟以空运部队由杰拉往内地着陆,乃亦受风之阻折。此等伞兵散开之地面甚广,且被风吹出预定之航程,致我们自己被炮火击中而死伤甚众。然当着陆成功时,固未尝不发生决定之结果。"

昼风久,夜风止。

大凡昼间所刮的大风,是较久的,夜间所刮的大风,多不久而易止,这是火攻者应注意之点。兵靠火力以助攻击,火须风力以发挥暴威,这三者结合,方能达到火攻的目的。

本节欲详加研究,有待于气象学家。风力的强弱及方向等,因地方与季节而异。此为火攻者应随时随地注意的问题。老子说:"飘风不终朝。"

朔风吹雪透刀瘢，饮马长城窟更寒。半夜火来知有敌，一时齐保贺兰山。——卢汝弼

凡军必知五火之变，以数守之。

总之，一切军队必须知道上述五种火攻，伴随发生各种状况的变化，又必须推知易于起火的时日的气象，而严加防备，盖我可以用火攻人，人亦可用火攻我。

【军】亦有解为用兵。【数】亦有解为术策，临机应变的术策，但照编者的研究，是度数、气象意，即指前述的天燥、四宿等。

燃烧战术

火攻战术即今之所谓"燃烧战术"，美军过去对日进攻，看穿了日本的房屋为木与纸所造成，故采取燃烧战术以摧毁之，而其工具为M74型百磅汽油弹及M69型十磅炸弹，其中均装有胶状汽油，火焰极强。又，M74型是一种薄壳炸弹，它能在40米距离间分散大量火焰；M69型装有定时引信，当大批掷下在空中爆发时，便向目标落下一阵火雨。此外还有一种约227千克的摧垒燃烧弹及岩浆炸弹（"岩浆"是用汽油、黄磷及其他成分构成的，从弹中爆发出来，可射达20米远，着物不去，立刻燃烧），用以毁灭日本。

故以火佐攻者明，以水佐攻者强。水可以绝，不可以夺。

用火为攻击的补助手段，其利明显，若益以水为攻击的手段，则更增一层强力。水适于遮断敌的联络，使各部队孤立及淹死敌人。但却没有像大火一炬，顿使万物化为灰烬的可怕的破坏力。

对本节前两句解读，议论纷纷，有解为以火佐攻敌人时焚烧的炬威，显而明；以水佐攻敌人，浩荡之势，强而无敌。亦有解为：凡行火攻，对于风向风力在气象上的变化与敌的动静等，须有迅速辨别的明敏和机智；凡行水攻，其水引导自水源地，除决堤或作堰等工作外，尚须分兵防守之，故无强大兵力不为功。

水、火、空气

孔孟和老子谈水不谈火，孙子则合水火而谈之。田单与诸葛亮善用火，韩信与丰臣秀吉善用水。现代科学部队对于人与空气的利用研究，虽已相当进步，但关于水的利用还未有多大发明。依于气压的空气利用，水压的水之利用以补助攻击力的方法，应成为各国国防科学研究机关的课题。

水攻之法，在古代，对于低洼城塞的水攻，或试图断绝敌人行军联络的水攻，常被视为最猛烈而有效的方法。荷兰有"水线"的设立，我国的黄河亦每被利用为水攻的工具。近年西班牙的内战中，共和军于一九三六年十月间对国民军的攻击，亦使用之，请看报纸上关于此的披露：

> 西班牙军，昨在南部阵线中，开启阿尔韦切河之水闸，放出水量达1000万立方米，以遏止国民军沿太格斯流域推进。首都知道官军用水攻策略成功后，均极欢忻。当国民军正沿该河已涸之河身前进时，不意洪水冲至，势如万马奔腾，不及逃避，溺毙者甚众。国民军中，雅吉上校所率向托莱多前进之一纵队，已遭洪水截断归路。

同时闻官军阵线，已前移10千米。又闻官军今后仍将源源放水，必俟国民军完全溃逃而后已。

至一九三七年三月末又"表演"了一次，据报载："共和军在阿根达南面泄放河水，以淹敌军阵地，结果被淹区域达数平方千米，敌军被迫，退守高地，目前不能进攻，故马德里与瓦伦西亚之大路，在阿根达一带，现已无战事。"

夫战胜攻取，而不修其功者，凶，命曰"费留"。故曰：明主虑之，良将修之。

虽是战必胜，攻必取，但不能迅收实际的功效，那是最忌的，因叫"费留"，即长期破费金钱与人力而作无益的久战。所以贤明的元首必须经过深思远虑之后方用兵，而受命的良将也必须致力于速战速决，以收全胜之功。

【费留】费为浪费意，留为久意，即谓长期浪费金钱与人力。

《墨子》："国家发政，夺民之用，废民之利，若此甚众，然而何为为之？曰：我贪伐胜之名，及得之利，故为之。子墨子言曰：计其所自胜，无所可用也；计其所得，反不如所丧者之多。今攻三里之城，七里之郭，攻此不用锐，且无杀而徒得此然也。杀人多必数于万，寡必数于千，然后三里之城、七里之郭，且可得也。今万乘之国，虚数于千，不胜而入；广衍数于万，不胜而辟。然则土地者，所有余也；王民者，所不足也。今尽王民之死，严下上之患，以争虚城，则是弃所不足，而重所有余也。为政若此，非国之务者也。"

非利不动，非得不用，非危不战。

依于上述，明君、良将认为不利于国的，决不动兵；认为不能取胜的，决不用兵；认为国家及军队没有危殆之虞，也决不出于交战。这种基本理念，实为元首与主将所必须确立。

人性与战争

据英国社会学者麦独孤的统计研究："人在幼年时代已有取得某种目的物为其所有的癖性，这叫作获得本能。其初不过是简单的所有欲，但无节制的发达，就会成为社会的罪恶与盗癖。"不论在集团或国家中，都有个人习癖的存在。有利则动，常变为国家的侵略政策。所谓乱世的枭雄，生于有秩序的治世，没有发挥其凶智的机会，只得蛰伏，不甘蛰伏，一遇有机可乘，便制造战争。因为用赤手以攫取大名大利的机会，没有再比作乱为愈。为迎合诸侯的欲念，而游说以领土获得战，然为满足这种野心，则须运用兵法，所以孙子便以"非危不战"的四字节尾。

——北村佳逸《孙子解说》

主不可以怒而兴师，将不可以愠而致战。合于利而动，不合于利而止。怒可以复喜，愠可以复悦，亡国不可以复存，死者不可以复生。

一国元首不可因一朝之怒而轻于兴师，一军之将亦不可因心中的怨恨，而遽出交战。其兴师，其交战，必须以利益为前提，即认为有利益（利国利军）就干，否则，止而不干。怒愠属于感情范围，感情乃一种变化不定的东西，好比今朝愤怒，明朝可以复喜起来；此时怨

《孙子兵法》详解

恨，彼时亦可以复悦起来。但是战败——国亡了不能再存，人死了也不能再活了。

好战者应三味斯言

这是何等名文！日本近世史大家赖山阳极爱诵此书，其评："与其说是兵法的书，不如说是文学的书。"德帝威廉二世于没落后的侨居中，读着《孙子兵法》，曾发出这样的洪叹："在二十年前，如果读到此书则……"日皇裕仁今日如再读是书，不知将作何感想；至因于"巢鸭"及"纽伦堡"的战犯们应是追悔莫及吧！

老子说："善为士者，不武；善战者，不怒。"又说："是谓不争之德，是谓用人之力。"

故明君慎之，良将警之，此安国全军之道也。

所以古之明主、良将对于用兵之事，是很慎重的，很警惕的，决不出于轻举妄动。这实是置国家于泰山之安，保全军队的上策。

发人深省

这篇虽名"火攻"，后半却述及火攻以外的事。火攻的残忍战术，似乎太厌细屑，乃一转而述其得意的战争原理。

兵者不祥之器，非君子之器，不得已而用之。——老子

国虽大，好战必亡。——《司马法》

泽国江山入战图，生民何计乐樵苏。凭君莫话封侯事，一将功成万骨枯。——曹松

用间第十三

孙子的战争基本观念：第一步为运用外交手段，不战而达成我之意志；第二步为不得已而战，战则必速，然均须先明了敌情。故在这最后一篇大书用间论，分间谍为乡、内、反、死、生五种，而以反间具有重大价值，并主张选择第一流智者（专家）充当间谍。吉田松阴说："孙子开卷言计，终篇言间，非间何以为计，非计何以为间，间计二事，可以终始十三篇矣。"

孙子曰：凡兴师十万，出征千里，百姓之费，公家之奉，日费千金，内外骚动，怠于道路，不得操事者七十万家。

大凡动兵十万作千里的远征，关于士兵的费用，军官的俸给，以及其他耗费，每日约需千金之多，而且弄得内外骚然，人民奔走于道路作军需品的运输,以致不能耕农营商者,计七十万家。即动员十万人(壮丁)则八十万家一齐开始活动,除出征的十万士兵外,其余七十万家或从事运输,或其他后方勤务,以致不得耕农营商。

【百姓之费,公家之奉】亦有解为:向人民征收税捐及其他用品,以奉养朝廷与官兵及供给其他活动。【七十万家】是依照井田制度算出的数字。张预说:"井田之法:八家为邻,一家从军,七家奉之。兴兵十万,则辍耕作者七十万家也。或问曰:重地则掠,疲于道路而转输,何也?曰:非止运粮,亦供器用也。且兵贵掠敌者,谓深践敌境,则当备其乏,故须掠以继食,非专馆谷于敌也;亦有碛卤之地,无粮可因,得不饷乎?"在两次世界大战中,像英美各国前方一个战斗员,约需后方十二个劳工的勤务。

现代的总动员

本节是说古代的动员状态,即关于兵役、工役、征税等,自然这是属于局部的动员,而在现代战争上局部的动员已不足以适应战争的要求,必须实施整体动员——国家总动员:(一)国民动员,(二)交通动员,(三)产业动员,(四)财政动员,(五)文化动员。而这种种动员能否适应战争的要求,全视平时有否充分准备,否则,必致手忙脚乱,顾此失彼。观于过去我国抗战,可想而知。

相守数年,以争一日之胜,而爱爵禄百金,不知敌之情者,不仁之至也,非人之将也,非主之佐也,非胜之主也。

如果耗费了巨金与敌方对抗达数年之久,以争取最后一日的胜利，却悭吝爵禄百金作用间之费，以致不明敌情，弄至战败，这种主将，真是没有一点仁爱之心，没有将兵的资格，没有辅佐元首的才能，更不能成为战胜的主宰者。

【相守数年】是指庸将而言，并非主张久战。【不仁】不是普遍的博爱之仁，是一方的，自我的仁。这种仁，对敌虽是不仁，但不知敌情，则不能速胜，战争愈延长，则国民的困苦愈增加，战胜既得不到大利，战败其祸更不堪设想。俗语谓"占小便宜吃大亏"，便是若此。自"非人之将"，至"非胜之主"，是孙子用叠句法以加强其主张。不知敌之情，而将兵出战，那简直是用国家来赌博。

孙子在这最末一篇，针对侦知敌情的重要性，又说："而爱爵禄百金，不知敌之情者，不仁之至也……"真是简单明了的断言。

日本古代的用间

由来放间谍，以侦探敌国的企图，机密的作战计划及兵力、兵器等，以之为根据而讲求对策，或制先而冲其虚。这种战争主动者，常成为胜利者。在日本战国时代，如织田信长、丰臣秀吉、武田信玄、上杉谦信等的称霸，莫不得力于此，其中干得最起劲，技术最优秀的，算是毛利元就。毛利元就的霸业，固是凭他的英明果断，与将士之强勇等，亦由于周密的间谍网，与深奥的反间苦肉计的并用，充分侦知了敌情。

《孙子兵法》详解　239

拔都的用间

成吉思汗之孙拔都，为令俄国臣服而远征，驻兵于伏尔加河畔一年有余，徐徐地养兵肥马，已如前述。但在这悠然之间，他放了无数间谍活动于四方，不仅探知当时俄国国内嫉视反目着的诸侯们的情形，即"敌之情"，而且侦知那些诸侯们的嫉视反目，到了冬季必达于最顶端。因此，便选定于凛冽的寒冬进兵，势如疾风，席卷那庞大无边的土地。

现代的间谍网

在欧洲自一八七〇年普法战争后，各国更注意谍报的工作，例如有名的德雷福斯（法国军队中的犹太籍军官）事件，便在一八九四年发生于法兰西。又，第一次世界大战时，在俄国曾发生了这样惊动天下的案件，即在任的陆军部长苏霍姆利诺夫竟为德国所收买，负着间谍的任务。在现代，世界各国对于谍报更来得大规模，巧妙而科学化。谍报机关以大公使馆为中心，驻外武官、领事为其最有力的角色，因他们具有身体、财产、文书的不可侵犯权，而取得文件的送达及其他的自由；又当为支系的在外官吏、旅客、文士、宗教家、商人、美女等，则用以探索各种虚实。总之，他们各为侦知战争上所需要的资料，如假想敌国的兵数、兵器、编制、装备、要塞、地理、生产、交通、科学、教育、思想等，而努力着。至在战时，难民的言语，俘虏的陈述，飞机及雷达的侦察，也被认为是间谍的别动机能和有力的手段。

间谍与国际法

在近代国际法上,关于间谍,有些学者主张:间谍受爱国心所驱使而展开行动,不应受处罚。但这是行不通的。不过依《陆战法规和惯例公约》的规定,凡被捕的嫌疑间谍,须经军法会议,详加审讯,方得处分。实际上,间谍在行动中被捕时,往往被处以死刑。一经逃归本国,此后被捕于敌国,可受普通俘虏的待遇,不咎既往的行为。

故明君贤将,所以动而胜人,成功出于众者,先知也。

所以英明的元首,贤明的主将,动必胜敌,成就超出众人的功业,其原因,完全在于交战之前,先知敌情。

原子间谍

"先知"是制胜的要素,所以在平时就要致力于此。例如今日美苏未战,而"原子间谍案"已于一九四六年初发生于加拿大及美国。据报纸的报道,苏联为探取英、美、加所共同发明制造的原子弹的秘密,以为仿造,便秘派许多间谍到加、美活动,并收买"内间"供给此项情报,但未完全得到原子弹的秘密,便被破案了。所捕获的间谍,有许多官吏和科学家,如英国派往加拿大研究原子能之科学家梅南博士亦被捕,供认其曾经泄漏原子弹的秘密。

自从第二次世界大战结束之后,更证明了新兵器对战争有着决定性作用。所以新兵器的秘密及其他科学的发明,今后必成为间谍们工作的主要对象，自不待说。

先知者，不可取于鬼神，不可象于事，不可验于度，必取于人，知敌之情者也。

先知之事，绝对不可从祈祷与卜筮求之；也不可将眼前的现象，嵌于过去的事情，以类推臆断；也不可仰观日月星辰的天体运行的度数，以胡推瞎测。（因为都是渺茫不可靠的。）而要求其合理的、科学的，必须凭着间谍所提供的真实资料，才能明了敌情。

孙子是一个新式的兵学家

中国古代在军事上，依据祈祷与卜筮而择定战争之日，或判断胜败之数——这种行为相当流行。但孙子却毅然排除之，而说："不可取于鬼神，不可象于事，不可验于度。"指出二千年前一切流弊，断然建立所谓"由人"的科学理论，且孙子在《九地》篇已告诫客兵说"禁祥去疑"，在此又力说不可以迷信鬼神，实为一个新式的兵学家。

大凡古今的名将，莫不用间。其在日本，如号称为"忠诚一贯"的楠木正成，因为精于用间以探知敌情，不知利了大小多少次的合战。其他古之名将，姑按不提。在这里且以拿破仑、毛奇及希特勒而说。

拿破仑的用间

拿破仑自奉是很俭约的，但为扩张自己的权势，与认为对于国家有利的事情，都毫不吝惜地使用金钱。关于间谍的使用，因为他有独创的技能，因此节省了许多金钱。

他的谍报机关中，有称"别动队"者，为有名的卡特琳皇后所主持，该机关选择一队娇艳的宫中女官组成，于必要时，由卡皇后配给某一贵族、某种身份的要员。她们均是经过一切精密训练的间谍能手，可以从其婚嫁或爱人、良人方面，窃取各种文件，旁听谈话，且于握手、接吻、抱拥和闺房之间，探知关于政治上的机密与各种计划。但拿破仑为这"别动队"究竟使用了多少金钱呢？曾留有"从一八一二年三月十三日至一八一三年一月二十二日的十一个月间，支出 533 万 1500 法郎"的记录。又，他也很重视"间谍警察"，不惜金钱的支出，以供他们侦查各国的情势。

于是，他在任何时候，皆明敌情，所以一再鞭策骏马，指挥作战，恰如藏于云雾的妖魔，忽然出现，变幻无常，靡有端倪，常制机先而打垮群敌。不过亦不可忽视他是善用剑戟的勇将，同时又是智力的优秀者。

毛奇的用间

近代第一流的名将毛奇，亦精于用间。当一八七〇年普法战争时，普鲁士先于国境战获大胜，便如疾风般侵入法兰西，包围巴赞将军的大军于梅斯，但为其最缺憾的，是这时不明麦克马洪将军所统率的法国野战军的行踪。原来麦克马洪将军的行动是这样的：他于最初国境战溃败后，即退却集结于沙隆，与拿破仑三世迂回至很远的西方比利时国境，意图冲击正在攻围梅斯的德军侧背。

对于这一敌情的不明，老实说，是毛奇最大的弱点，即当为德军耳目的优秀骑兵团也摸不着头脑。不料，派在巴黎的间谍，早已探知这迂回的行动了，接报的毛奇，立刻分兵捕捉麦克马洪军，将之包围于色当，弄得拿破仑三世只得降服于德国军门。

希特勒的用间

希特勒在第二次世界大战中，亦以使用间谍为战争的主要手段。他的"第五纵队"真是无孔不入，例如进攻比利时之初，他的"第五纵队"队员便穿着比利时军官制服混入比利时境内，散布谣言说："敌人快来到，看见不得了。"因此比利时人民相率逃避，途为之塞；在极紧张时，曾使英法机甲兵团，不能利用公路增援，甚至耽误了两天以上的时间。进攻法国时，"第五纵队"则在法国假造信件寄给在前线的法国士兵，告诉他们，他们的爱妻已跟英国的军官逃跑了等家庭恶劣消息，以挫折法国士兵的锐气。法国要员到前线时，他们的姓名及行程日期常被德国的电台广播出来。当某队法军开抵前线的阵地五分钟后，德方阵地的播音机开始报告法军的番号，将官的姓名，和从某个地方调来等消息，使法军惊惶失措，不能继续作战。然这都是以"第五纵队"的情报为根据的。亦可见"第五纵队"确做到了"知敌之情"。可是间谍之为物如水，"水可以载舟，亦可以覆舟"。利用间谍可以制胜，亦可以致败，正如德军进攻莫斯科、列宁格勒所遭遇意外的坚强抵抗，即为"第五纵队"情报不实的结果。

故用间有五：有乡间，有内间，有反间，有死间，有生间。

间谍的使用方法，分别为乡间、内间、反间、死间、生间的五种。

【用间】间为伣（睨）、伺意，即窥伺敌之秘密的特务人员。用间为使用间谍或特务人员意。

近代间谍的分类

孙子分间谍为上述五种。至近代通常分为"战略的外交密探"与"战术的陆军或海军密探"两种。所谓战略的外交间谍，在平时，探知关于假想敌的军事上、政治上的状态，或煽动其国民反对政府的政策，并在可能范围内，煽动其国民暴动，以促成内部的崩坏等工作。其次，所谓战术的间谍，则更进一步从事危险的工作，在平时，先侦知假想敌的军备、兵器的改良、兵士的教育及地形等；至战时，则对敌的特别重要桥梁、炮位等，施行破坏作业，或从事有利于我军战术的一切准备。

近代战争的本质与形貌，已发生了显著变化，在所谓举国而物质战、生产战、科学战、外交战、思想战的今日，对于假想敌的整个国力及一切机构的总和，均被算作战力。因此间谍的工作范围与分类，亦愈复杂多样，自不待说。

——大场弥平《孙子兵法》

间谍何其多也

战争是需要大量间谍的，在普法战争时，普鲁士王国曾用过

30000名。在第一次世界大战时，各交战国所用的间谍，英法等协约国约有20000人，德奥等同盟国约有25000人，合计45000人。第二次世界大战时，各国所使用的间谍，据专家的估计，要比第一次世界大战多八倍。同盟国有无数间谍，德国亦有无数"第五纵队"，连法国总理雷诺的情妇波尔特伯爵夫人也是"第五纵队"的首领。日本过去对我国进行侵略的战争，亦使用无数间谍，除日本人外，尚有韩人、汉奸、白俄及其他外国人。间谍机关以黑龙会为最有势力，会员有数千人，散布全球，即煊赫一时的女间谍川岛芳子亦为其会员之一，其在中国制造了无数罪恶，号称"东方的玛塔·哈丽"，现在随此次日本的失败而作阶下囚了。

五间俱起，莫知其道，是谓神纪，人君之宝也。

这五种间谍，各因其性质，或同时使用之，或轮流使用之，以探知敌情，使敌人莫由洞识我的法术（道），好比神仙玩法一样。像这种善于使用五间的主将，而间谍们又这样精于执行侦探任务，真可谓元首或政府的瑰宝！

【神纪】纪字有法、理、治等意义，故神纪可解释为神法、神理、神治等意。但我在这里则主张解为神法，如神仙玩法。老子说："能知古始，是谓道纪。"

吴子说："善行间谍，轻兵往来，分散其众，使其君臣相怨，上下相咎，是谓事机。""五间俱起"是为搜集充分的军事情报以供指挥官之用的，但在现代战争上为搜集情报，则不限于使用五间，还有其他机构与工具。兹将美国战术书上所列举的（即消息来源的分类）摘录如下，以供借鉴：

1. 平时的军政情报；

2. 俘获的文件及装备；

3. 各情报机构的报告；

4. 空中侦察或空中照相；

5. 地面搜索的报告；

6. 对敌作战某单位的报告；

7. 对居民及交换俘虏或逃兵的询问；

8. 对地图的研究；

9. 敌方或中立国报纸或无线电台的报告；

10. 雷达的报告；

11. 无线电的截取；

12. 空袭警报网的报告。

乡间者，因其乡人而用之。

所谓乡间，除直接利用敌方乡人为间谍外，亦含有凭乡人的言行等为判断的资料之意。

《作战纲要》说："谍报勤务，通常由特别组织之机关安排，然军队直接搜索敌情时，常宜留意间接探求谍报资料，及遇有机会，即向居民等搜集诸情报为要。"又说："听察居民言语，检查报纸、信件、电报之原稿及现字纸，并取邮局、通信所、官衙、公署之书类，判断其他诸种征候等，可以探知其重要之事件。"这也是含有乡间的意义的。

乡间是利用敌国土著以探敌情的，但不一定限于敌国人民。在通信机关发达的现代，从敌国发来的公私信件、电报、电话、敌国所刊行的报纸杂志等物都可作为乡间，而搜集利用之。

邮件间谍

第二次世界大战时美国检察官马蒂·奈特撰文述及关于邮件检查的经过说："我们从许多商业信件中，东撷取一些，西撷取一些，得知日本商轮行走的路线，因此美国海军便得以等候在某地击沉了七艘日本商船。"又说："从一对信中，得知有人从美国偷运橡皮、锡片、云母及锌等到阿根廷去，便追踪到海中捕获了回来。"又说："从检查信件中，我们发现有三条向阿拉斯加新基地进发的间谍路线：一个日本女子计划着假扮印第安人去刺探消息，一个间谍计划在森林中设无线电台，另一个写信去求秘密墨水。"

注意密码

所谓邮件间谍，非始于今日，实以法国路易十八世时的"黑暗官房"为其代表。该官房是执行这种任务的：即关于大臣与外交使节的电报，书信的来往，带有嫌疑人物的书信的——开拆、誊写以及封缄；至其开拆、封缄的技术，极为巧妙，不会留下任何痕迹。其次，因为今日科学的万能，数理的精密，对于密码的解释也很进步，所以在通信上使用任何密码都有被解释的可能。例如无线电报所使用的密码，当发报时，所辐射的电波就弥漫于天空之中，可以供人自由收录。故一方发出的电报如关于军队的调动进退等，若为对方收录译出，以确定对策，常可胜操左券。所以这种译电技术人员，其功真不亚于高等间谍。

注意报纸

据感触力敏锐的专家说：纵是劣等的报纸、杂志的片鳞，都足以变为敌人的乡间。一八七〇年普法战争中，德军正用着鹅眼、鹰眼以探查麦克马洪将军的行动，这时他的行动，乃为本国（法国）一无名小型报纸所披露，辗转入德军间谍之手，使德军得以决定一泻千里的战势。常人认为不关轻重的消息，而在报纸上或口头上发表出来，有时却给予军事上重大的影响，这是不可不注意的。

又，在过去抗战中，日人所收买我国的汉奸，正是这里所说的"乡间"，及下面所说的"内间"，这些人毫无心肝，出卖祖国，真是罪该万死！

内间者，因其官人而用之。

收买敌国的官吏将士及其他有力者，如学者、记者、宗教家、实业家等，使其内报秘密，或因其言行而研判敌情，叫作内间。

俘虏亦可当作内间

所谓内间，如前所述俄国的陆军部长苏霍姆利诺夫，算是最著名者。又如日本人的利用汉奸为内间，亦为举世周知的事。大场弥平曾解释俘虏为内间的一种，他说巧为讯问俘虏，得益很大，例如"第一次世界大战初的一九一四年八月十四日至二十四日的比法大会战，法军掳获德军第十八军的骑兵一名，因而知道该军于开战当初在何处怎样作战，现在向某方面活动的详细情形，利于作战不少。同年九月二十一日在康布雷附近的会战，法军又俘获德军第二十一军的骑兵一名，因而知道该军以前在罗兹方面，今则调到这方面——军之企图的一端。"

反间者，因其敌间而用之。

所谓反间，是收买敌的间谍，变为我的间谍，逆用以侦探敌情，或报告虚伪的事实于敌。亦有解为：捕得敌间而压迫之，使其不得不以实情告之；或诈为不知，示以虚伪的事情，而故纵之，使其返报误敌。

反间一例

反间效果的伟大，古今共认（孙子于后面力说反间的重要性与应厚赏）。可是反间之例，古来不可多得。在第一次世界大战中，有一很精彩的例子。即：富有爱国心的俄国某中尉，被德国所俘获，他决意与其漫然坐待归国之日，不如为故国谋利益而暴露德国谍报部的内情。原来德国情报部有轻信事物的毛病，竟认该中尉为奇货，在取得返俄活动的同意后，便授予详细的指令，令其经丹麦、瑞典而返俄，在指令中，曾有与俄国米苏逸特夫上校及陆军部长苏霍姆利诺夫协力之旨。哦！陆军部长尚被敌收买充当间谍，真使该中尉惊愕失色了，只得垂头丧气回到俄国去。他回国后的工作，乃以此为基准：

（一）与小间谍联络，渐次寻出蛛丝马迹，而刺杀大间谍；

（二）利用这些间谍，送达虚伪的情报于敌。

于是，遂明白米苏逸特夫与苏霍姆利诺夫等的行为。结果，前者被政府处以死刑，后者下狱，因年老气衰，突死狱中。于此可见当反间者功绩的伟大，然非富于爱国心者亦所难能。

死间者，为诳事于外，令吾间知之而传于敌间也。

死间是对生间而言，诳事是虚伪的事。我佯为虚伪的事于外，使我间知道后，即遣其潜入敌地工作，而我又使敌知其为我国间谍，于是我间被捕，不堪拷问，便以初时所知的告敌，殊不知，这完全是虚伪的事实（即彼亦受其欺）。这时，敌人如依其供状，确立计划，致堕我术中，怒而杀之，叫作死间。又，使我间为敌的向导，将敌引入迷途，敌怒而杀之，亦称死间。又，在战斗上，遣使佯为讲和，使敌骄矜疏忽，乃乘隙攻之，使必被杀，亦可称死间。总之，所谓死间，凡奉使命赴敌方工作而不期生还者，均属之。

生间者，反报也。

反同返。生间是普通的间者，潜入敌国中，取得情报，归来报告。虽谓生间，当然亦置死生于度外，除具所谓大胆、机敏、沉着、刚毅的优良性格外，且要通晓敌国的语言、风土人情，固要有军事上的专门知识，且要富有科学知识，尤其人喜装愚直的样子为最适合，至于富有魅力的女性，利用之更妙。

生间活动的场所：有在战场上，有在敌国里，有在中立国内。其在中立国的，如第一次世界大战中，英、美、苏、法、德、意诸国各为侦查敌国的真相，便派遣许多间谍到瑞士、西班牙、葡萄牙等中立国活动，即其一例。

著名的女间谍

其在敌国的，如第一次世界大战时，德国的女间谍玛塔·哈丽算是一个最著名者。一天她在冬园舞场表演其拿手的印度舞时，为德国秘密情报局所发现，欣喜异常，在取得同意后，便派往巴黎工作去。她领了 300 万马克[①]，经由比利时、荷兰、英吉利，以巴黎的纽约别墅被处分为口实，而进入巴黎。她在巴黎舞场中，打扮妖艳，大显身手，巧为笼络达官要员，所得的情报成为德国潜水艇等活动的根据。可是，一九一七年十月，她在法国被捕，处以死刑了。

又如第二次世界大战中，苏联的女间谍契诃娃，亦曾表演了惊人的一幕。她本生于高加索，丈夫叫米沙。契诃娃于一九二一年溜入德国，成为著名的电影明星，不久成为希特勒最亲密的女友。大战时她充任苏联方面的间谍，刺探德国的虚实，德国一班大亨要请求希特勒什么事时，多半托她关说，而她遂将这些情报记在金盒装的小簿子里，差她的汽车夫秘密送往莫斯科。苏军围攻柏林时，契诃娃藏在某处防空壕内，柏林城陷，她为红军某上校救出，护送回莫斯科去。

要有新工具

至于在战场上的，像古代国内战，因战场的狭小，生间归来报告还容易。但以战线往往广袤数百里以上的现代战场，归来报告实难，且还有要迂回经过中立国，方能归来者，故有许多重要报告，于到达时，因形势已变，对作战失了价值，便成为过去的材料了，倘若他们带有无线电报机、电话或信鸽，那也是可以补

[①] 马克为德国一战时期发行的货币单位，下同。

252　黄埔军校《孙子兵法》课

救的。第二次世界大战中,各国间谍多备有这种工具,至于用飞机降落间谍于敌后搜集情报,再约定时间、地点用飞机接回,亦为常有的事。

故三军之事,莫亲于间,赏莫厚于间,事莫密于间。

在三军中的事,其亲爱,其赏赐,其机密是以间谍为第一的。

重赏之下

这节有一项要特别注意的,就是"赏莫厚于间",即是说为主将者必须自由使用间谍费。楚汉之争,汉王为离间项羽与范增,以黄金数万斤交陈平纵为反间,不问出入。所谓不问出入,是说不要收支的决算报告——机密费。在现代机密费这一项,虽在预算审议上,但不要说明内容;虽到审计机关里,也不受审查。因国情不同而有使用百万至数千万金圆[①]的机密费的情况,例如一九四〇年日本使用于美国的间谍费竟达1200万金圆。

在第一次世界大战末期,德国曾捕得两名水兵(德国人),这两名水兵为英国所收买,充当间谍,讯问结果判明他们与英国定了这样的合同:暗杀德皇,赏100万马克;炸沉德国的潜水艇一艘,赏50万马克……于此更见用间是"赏莫厚"的了。

[①] 金圆即金圆券,自一九四八年八月十九日由国民政府开始发行。

非圣贤不能用间，非仁义不能使间，非微妙不能得间之实。

用间是多么困难的事情！如非圣贤的主将，决不会适切地选用间谍，这是由于知人之难。如非仁义的主将，则间谍亦不甘为其所使役，这是由于主将必须施以恩惠，感以义气，间谍方肯献身卖力。如非具有精微神妙之慧眼的主将，更不能鉴别间谍所报告的真伪消息（在近代，各国设有情报机构，由专家司其事），这是由于间谍中亦有人变为敌的反间，或不能搜集到实情，不得已而捏造虚伪的报告，甚至有时亦中了敌的宣传，误以为正确，而拿来做报告。

难得真实报告

【非微妙不能得间之实】不仅对于间谍，即对于下级将官的报告，如果缺乏微妙之明，亦不会得其真实。鲁登道夫在他的《总体战》一书中，曾有这样沉痛的论述："主帅为尽其职责计，有应特别注意之事，即令其下级指挥官将袒裸的事实中的真相报告中枢是也。这种条件，言之甚易，行之实难，非下级将官之忠诚坦白，不易求其绝无隐匿而尽情暴露也。有时于战胜印象之下，多以夸大之词形容其成功；反之，于战败印象之下，对于险象形容，又过于悲观。此等情形，在各种报告文中，随处可见，其尤恶劣者，竟作讳败之词，以自掩饰。惟为主帅者，对于自己军队，胸中雪亮，然后能发为至当之命令。关于自己军队之报告，诚能正确，已足为主帅自下判决案之基础。至于关于敌人之报告，其不可恃者，常居多数。"

由此，足见主帅是要多么的具有微妙之明！

微哉微哉，无所不用间也！

微妙呀！微妙呀！真没有任何事情比得上用间一样的微妙了。

间事未发而先闻者，间与所告者皆死。

间事（谍报）是机密中的机密。故间谍从敌国取回的情报，于未实行前，其内容已泄漏于外，则间谍和传告于人者，均处死刑。亦有解为：间谍受主将之命，赴敌国调查某种事情，于未起程前，其内容先为敌人所闻知，间谍与由间谍口中所闻知而告于人者，皆处死刑。总之，不论哪种解释，其本意都是警戒间谍要守秘密。因为不守秘密，泄漏于外，致为敌所闻知，于是敌知所准备，或改变原状，而使我堕入术中。

本节与"莫亲于间，赏莫厚于间，事莫密于间"相应。因为亲、厚、密，故须以刑佐之，本节是说刑。

泄露机密，是间谍最忌的事。在这里让我提供一些隐藏报告文书的方法：

隐藏情报法子

间谍究竟怎样才能隐藏其报告文书呢？隐藏于香烟中，鞋底皮中，衣服夹缝中，棍棒中，帽子里，水果内，这是较旧的法子。较新的法子：有装入缩写的文书于铜纽扣中；有在写生册的昆虫等的写生上，暗示着要塞与敌的配备；也有在报纸的广告文中隐刊谍报，因为报纸有通过中立国的交通自由；也有将全部谍报用密码译成后，再用照相机缩小摄成一点，置于一无关重要的书报上的"○"字当中。

《孙子兵法》详解　　255

隐藏的法子，还有种种：有藏于镶牙中，有藏于妇人头发中，有细书情报文字于邮票的背面贴于封面上，也有在邮票的背面，纤细地绘了某要塞图。

再有藏于舌底的，以化学液体，涂写于身体上等。总之，科学愈发达，则隐藏谍报的技术愈精密。

凡军之所欲击，城之所欲攻，人之所欲杀，必先知其守将、左右、谒者、门者、舍人之姓名，令吾间必索知之。

敌情的主要是人，故我欲攻击的敌军，欲攻略的敌城，以及欲诛杀的敌国主要人物，首在洞识其守将以至顾问、参谋、副官、秘书、卫兵、门房、勤务兵、园丁、厨子、马夫、车夫的姓名（或性格、关系等），这，务使我间尽知了它，归来报告，以便设法（或贿赂、或结交、或用美人计）接近他们，而探知敌情。

【守将】为守城之将，亦有解为典守其事之将。【左右】为将帅及敌国主要人物的辅佐者，即幕僚等；今之所谓顾问、参谋、副官、秘书等。【谒者】为招待宾客者，亦等今之副官、秘书等。《汉书·百官表》说："谒者掌书。"【门者】为门房、卫兵等。【舍人】为勤务兵、园丁、厨子、马夫、车夫之类。

军与将帅的关系，已不待言。将有猛将、智将、仁将、骄将、愚将、怯将种种，因性格之不同，而各有特殊的常用战法，有顽强的，有脆弱的……故凡攻城野战，而第一最要紧的事，乃为"知敌之将"。

要知敌将

日本丰臣秀吉在鸟取西方马山之阵，故意不攻陷于死地的吉川元春，而自退却，是知道吉川元春为勇将，与之交战，徒耗兵力。又，他亦不强袭高松城，因为他知道守将清水宗治的坚决，为一刚毅不挠的将帅，特徐徐地施用水攻的方法。

必索敌人之间来间我者，因而利之，导而舍之，故反间可得而用也。

本篇所述，关于间谍的使用，最有力的是反间，如能巧为使用，自可导致他间使用的便利。最好探知潜来我国内侦查的敌间，对于这敌间，乃因其所好而利诱之，又殷勤地招待其住宿于华丽的旅馆，试图收买为我国的反间。

因是而知之，故乡间、内间可得而使也。因是而知之，故死间为诳事，可使告敌。因是而知之，故生间可使如期。

凭着反间的利用，因而明了敌情，于是敌地的乡民，敌方的官吏，就容易使用了。又，借着反间，而死间也可使其传我诡诈的动作于敌，堕敌于我术中。推而至于生间，也可使其如期报告我所需要的消息。

五间之事，主必知之，知之必在于反间，故反间不可不厚也。

上述五种间谍的使用法，是为主将者所必须知道的，但最重要的还在于反间的使用，所以对于反间必须特别重视，使其为我献身。

昔殷之兴也，伊挚在夏；周之兴也，吕牙在殷。

以前商汤所以能够灭夏而统一天下，是赖他的军师伊尹在夏做过官；周武王所以能够灭商而夺得政权，亦赖他的参谋总长姜太公在商做过官。因为他们在那里做过官，所以对于夏殷的虚实十分明了。

【伊挚】伊尹为商代贤相，名挚，汤王尊其为阿衡，惟先仕夏，所以孟子便有"五就汤，五就桀者，伊尹也"的记述。【吕牙】本姓姜，其先封吕，因从封姓，名尚，字子牙，文王呼为太公望，武王尊为师尚父。惟先仕殷，见《汲冢周书》《竹书纪年》等古书。

间谍之祖

伊、吕原为儒家所尊崇的二圣，孙子在这里异想天开地把他们列入间谍群，当作高等间谍，实足以加强本篇的意义，打破一般人对于间谍的轻视观念，但却招致儒家的愤慨，说是污辱了他们。其实间谍亦有革命的与反革命的之分，当了革命的间谍，好像他们辅佐汤武伐暴救民，那有何不可呢？不过伊、吕于仕夏、仕殷时，是否负着汤武（及文王）的使命，因无史实可考，尚难断定；但他们基于仕夏、仕殷之时而明了敌情，为汤武确立作战计划，乃为事实。所以便有人怀疑：由于他们在夏、殷做过官，且间谍必须选择"上智"者充当，故孙子把他们冠以间谍之名，而雄其说。

故惟明君贤将，能以上智为间者，必成大功。此兵之要，三军之所恃而动也。

所以英明的元首，贤良的主将，能够选拔智能超群之士为间谍，则必可以成就伟大的战功。这是用兵的要诀，大军依此谍报以确立计划而行动之所在。

这节是照应前述的"非圣贤不能用间，非仁义不能使间"两句。从开卷至此，满纸雄气洋溢，于最后更作铁的断定，悠然收束十三篇之笔，笔阵严整，俨如一座万里长城。

中华民族的传家宝

春秋酷似希腊罗马的英雄时代，反射着充满杀气的环境，而创造了人类知识之一大飞跃的纪录，就是孙子。文与思蕴蓄着任何事物都不能拘束的"天马行空"的奇气，唯有在《孙子兵法》中可以感受到。与衰世的文学不同，这是英雄性的独特产物，是中华民族的传家宝。

我们不要辜负它，我们要阐扬它，活用它，使它供给我们光与热。

孙子的兵学好像一个大海。

人们到海滨游玩,有的拾去一片贝壳,有的捡去一块彩石,有的折去一株海草或海树,有的捉去几条鱼或几只蟹,却未见过有人能够把整个大海搬回来。

学习孙子的兵学也是一样,聪明如日本人、日耳曼人也只学得一部分而已。

所以建立兵学难,而学兵学,用兵学亦不易。

图书在版编目（CIP）数据

黄埔军校《孙子兵法》课/李浴日著. —广州：
广东人民出版社，2024.3
ISBN 978-7-218-17012-1

Ⅰ.①黄…　Ⅱ.①李…　Ⅲ.①《孙子兵法》—研究
Ⅳ.①E892.25

中国国家版本馆CIP数据核字（2023）第192639号

黄埔军校《孙子兵法》课
HUANGPU JUNXIAO《SUNZI BINGFA》KE

李浴日　著

版权所有　翻印必究

出 版 人：肖风华

责任编辑：钱飞遥
产品经理：周　秦
责任技编：吴彦斌
监　　制：黄　利　万　夏
特约编辑：邓　华　顾忻岳
营销支持：曹莉丽
装帧设计：紫图图书ZITO

出版发行：广东人民出版社
地　　址：广东省广州市越秀区大沙头四马路10号（邮政编码：510199）
电　　话：（020）85716809（总编室）
传　　真：（020）83289585
网　　址：http://www.gdpph.com
印　　刷：艺堂印刷（天津）有限公司
开　　本：880mm×1230mm　1/32
印　　张：8.5　字　数：204千
版　　次：2024年3月第1版
印　　次：2024年3月第1次印刷
定　　价：55.00元

如发现印装质量问题，影响阅读，请与出版社（020-85716849）联系调换。
售书热线：（020）87716172